Helmut Ernst/Heinrich Stümbke, Wo sie ruhen . . .

Helmut Ernst
Heinrich Stümbke

Wo sie ruhen . . .

Kleiner Führer
zu den Grabstätten
bekannter Berliner
In West und Ost

Stapp Verlag

Das Manuskript wurde im Frühjahr 1985 abgeschlossen. Es erfolgten nur wenige zusätzliche Aufnahmen. Die Daten und Ereignisse sind nach bestem Wissen erarbeitet.

ISBN 387776 421 5
© Stapp Verlag Wolfgang Stapp Berlin 1986
Satz: Satz-Offizin Hümmer GmbH, Waldbüttelbrunn
Druck: Color Druck G. Baucke, Berlin
Buchbinder: Industriebuchbinderei Heinz Stein, Berlin

Inhaltsverzeichnis

Berlin West

Bezirk Charlottenburg

Bezirk Kreuzberg

Bezirk Neukölln

Bezirk Reinickendorf

Bezirk Schöneberg

Bezirk Spandau

Bezirk Steglitz

Bezirk Tempelhof

Bezirk Tiergarten

Bezirk Wedding

Bezirk Wilmersdorf

Bezirk Zehlendorf

Berlin Ost

Bezirk Friedrichshain

Bezirk Köpenick

Bezirk Lichtenberg

Bezirk Mitte

Bezirk Pankow

Bezirk Prenzlauer Berg

Bezirk Weißensee

Stahnsdorf Bezirk Potsdam

Bezirk Charlottenburg

Mausoleum im Schloßpark Charlottenburg
Spandauer Damm

Friedrich Wilhelm III.

Geb. 03. 08. 1770 in Potsdam · Gest. 07. 06. 1840
    1797 König von Preußen
    1793 Hochzeit mit Luise, Prinzessin von Mecklenburg-Strelitz
    1824 2. Ehe (morganatisch) mit: Auguste Gräfin Harrack
    Geb. 10. 08. 1800 · Gest. 05. 06. 1873
    Titel: Fürstin v. Liegnitz

Königin Luise, Auguste Wilhelmine Amalie

Geb. 10. 03. 1776 in Hannover · Gest. 19. 07. 1810 im Schloß
Hohenzieritz bei Neustrelitz
    Prinzessin von Mecklenburg-Strelitz
    Tochter von Herzog Karl II. von Mecklenburg-Strelitz
    und Prinzessin Friederike Caroline v. Hessen-Darmstadt
Sarkophag v. Christian Rauch

Friedrich Wilhelm IV.

Geb. 15. 10. 1795 in Berlin · Gest. 02. 01. 1861 im Schloß Sanssouci
    Sohn Friedrich Wilhelms III.
    1840 König von Preußen
    1858 Rücktritt (Geisteskrankheit)
Sein Herz ist hier beigesetzt

Wilhelm I.

Geb. 22. 03. 1797 in Berlin · Gest. 09. 03. 1888
    Sohn Friedrich Wilhelms III.
    1829 Hochzeit mit Augusta Prinzessin von Sachsen-Weimar
    1857 Stellvertreter seines Bruders Friedrich Wilhelm IV.
    1858 Regentschaft
    1861 König von Preußen und
    1871 Deutscher Kaiser

Kaiserin Augusta, Marie Luise Augusta Katharina
Königin von Preußen

Geb. 30. 09. 1811 in Weimar · Gest. 07. 01. 1890
Prinzessin von Sachsen-Weimar
Tochter von Großherzog Karl Friedrich von Sachsen-Weimar
und Großfürstin Maria Paulowka
1829 Heirat mit Prinz Wilhelm von Preußen, später Wilhelm I.

Landeseigener Friedhof Heerstraße
Trakehner Allee 1 – Heerstraße

Wilhelm Ahrens

Geb. 09. 05. 1878 in Oschersleben a. d. Bode · Gest. 06. 11. 1956
Stadtrat
1898 Mitglied der SPD
1924–1933 Vorsitzender des Hauptverbandes deutscher
Krankenkassen
1945 Nach Berlin zurück
1953 Stadtältester
Grab: Abtlg. II W 12 – 23   *Ehrengrab*

Conrad Ansorge

Geb. 15. 10. 1862 in Liebau, Schlesien · Gest. 13. 02. 1930
Pianist und Komponist, Professor
Hervorragender Beethoven-Interpret
Schüler von Liszt
Kompositionen dem Impressionismus nahe
Grab: Abtlg. 19 – G – 21/22/23   *Ehrengrab*

Hermann Bamberg

Geb. 26. 07. 1846 in Wittenberg · Gest. 03. 10. 1928
Parlamentarier
Kommunalpolitiker und Mitglied der Handelskammer
Vorsitzender des Verbandes der Deutschen
Damen- und Mädchenbekleidung
Grab: Abtlg. 5 – 1   *Ehrengrab*

14

Marcus Michael Behmer

Geb. 01. 10. 1879 in Weimar · Gest. 12. 09. 1958
   Graphiker, Buchgestalter
   Mitarbeiter des „Simplicissimus" nach englischem Vorbild
Grab: Abtlg. 8 – C – 54   *Ehrengrab*

Arnold Berliner

Geb. 26. 12. 1862 · Gest. 23. 03. 1942
   Physiker
   Große Verdienste um die allgemeine Förderung der Physik
Grab: Abtlg. 18 – F – 12   *Ehrengrab*

Leo Blech

Geb. 21. 04. 1871 in Aachen · Gest. 25. 08. 1958
   Dirigent und Komponist, Generalmusikdirektor
   1905–1937 Berlin, 1941–1949 Stockholm, 1949–1953 Berlin
   Opern und eine Operette, in der Nachfolge seines Lehrers
   Humperdinck
Grab: Abtlg. 20 Wald – 10   *Ehrengrab*

Werner Bloch

Geb. 04. 02. 1890 in Berlin · Gest. 20. 08. 1973 in Bad Waldsee
   Philologe
   Verfasser und Übersetzer natur- und
   geisteswissenschaftlicher Werke
   1950–1963 Mitglied des Abgeordnetenhauses von Berlin
   1970 Stadtältester
Grab: Abtlg. 18 – L – 51   *Ehrengrab*

Michael Bohnen

Geb. 02. 05. 1887 in Köln · Gest. 26. 04. 1965
   Kammersänger, Baß-Bariton
   Seit 1933 im Ensemble der Deutschen Oper, Berlin
   1945–1947 Intendant der Deutschen Oper
   Filmrollen, u. a.: „Das unsterbliche Herz", 1939
Grab: Abtlg. 18 – B – 9   *Ehrengrab*

Karl Bonhoeffer

Geb. 31. 03. 1868 In Neresheim, Württ. · Gest. 04. 12. 1948
   Psychiater und Neurologe, Geheimer Medizinalrat
   Kliniken: Heidelberg, Berlin
   Ergebnisse seiner Arbeit: „Bonhoeffersche Zeichen" und
   „Symptom des Muskelzuckens" nach ihm benannt (B.-Zeichen),
   ebenso die Heilstätten in Wittenau
Grab: Abtlg. II Ur. – W 12 – 286/287   *Ehrengrab*

Alfred Braun

Geb. 03. 05. 1888 in Berlin · Gest. 03. 01. 1978
   Rundfunk-Pionier und -Kommentator (der „Spreekieker")
   1954–1957 Intendant des „Sender Freies Berlin" (SBF)
   Filmregisseur: „Stresemann" 1957
   1983 Denkmal an der Spree (Iburger Ufer)
Grab: Abtlg. 18 – K – 102

Ferdinand Bruckner, bürgerlicher Name Theodor Tagger

Geb. 26. 08. 1891 in Wien · Gest. 05. 12. 1958
   Dramatiker
   1923 Gründung des Renaissance-Theaters
   Emigration: Frankreich, USA
   1951: Dramaturg in Berlin
   „Die Verbrecher", 1929
   „Elisabeth von England", 1930
   „Die Marquise von O . . .", 1933
Grab: Abtlg. 20 – Wald – 1 f

Hans Bruhn

Geb. 28. 12. 1901 in Neuemühle · Gest. 16. 02. 1978
   1949 mußte wegen Auseinandersetzungen mit der SED die
   Heimat verlassen
   1955–1959 Bezirksverordneter und
   Bezirksbürgermeister von Charlottenburg (SPD)
Grab: Abtlg. II – Wald – 1 (4)

Paul Cassirer

Geb. 21. 02. 1871 in Görlitz · Gest. 07. 01. 1926 (Selbstmord)
   Verleger, Kunsthändler
   1898 Kunstsalon (Berliner Sezession)
   Verheiratet mit Tilla Durieux
Grab: Abtlg. 5c – 3/4
Grabdenkmal von Georg Kolbe (Entwurf)

Theodor Däubler

Geb. 17. 08. 1876 in Triest · Gest. 13. 08. 1934 in St. Blasien, Schweiz
   Dichter
   Wanderleben zwischen Frankreich, Griechenland
   und dem Orient.
   Werke ,,Das Nordlicht" (Epos), 3 Bde., 1910
   ,,Hesperien" (Lyrik), 1915
   ,,Der hl. Berg Athos" (Prosa), 1923
Grab: Abtlg. 16 – B – 20   *Ehrengrab*

Alexander Dehms

Geb. 15. 12. 1904 in Karolinenhof bei Köpenick · Gest. 20. 09. 1979
   Metallarbeiter
   1923 Mitglied der SPD
   1938 verurteilt zu 10 Jahren Zuchthaus (Volksgerichtshof)
   1949 Bücherei-Amtsleiter in Kreuzberg
   1951–1967 Mitglied des Berliner Abgeordnetenhauses
   1970 Oberbibliotheksrat
   1975 Stadtältester
Grab: Abtlg. II – W 9 – 17   *Ehrengrab*

Günter von Drenkmann

Geb. 09. 11. 1910 in Berlin · Gest. 10. 11. 1974 (ermordet)
   Jurist
   1964–1967 Senatsdirektor beim Senator für Justiz
   1968–1974 Präsident des Kammergerichts
Grab: Abtlg. 20 – C – 45/46   *Ehrengrab*

Werner Düttmann

Geb. 06. 03. 1921 in Berlin · Gest. 26. 01. 1983
Architekt
Senatsdirektor beim Senator Bau-Wohnen
1971 Präsident der Akademie der Künste
Bauten: Mitentwurf der Kongreßhalle
Mitgestalter Märkisches Viertel
Hansa-Bücherei
Brücke Museum; Akademie der Künste
1961 Berliner Kunstpreis
Grab: Abtlg. 3 – 21

Tilla Durieux, bürgerlicher Name Ottilie Godeffroy

Geb. 18. 08. 1880 in Wien · Gest. 21. 02. 1971
Schauspielerin
Mitglied der Akademie der Künste
Rollen von Wedekind, Hebbel, Strindberg, Giraudoux
Stummfilm: ,,Prinz Karneval", 1923
Tonfilm: ,,Die letzte Brücke", 1953
Autobiographie: ,,Eine Tür fällt ins Schloß", 1954
,,Meine ersten neunzig Jahre", 1971
und ,,Palma Acade"
Verheiratet u. a. mit Paul Cassirer
Grab: Abtlg. 5 – C – 4   *Ehrengrab*

Friedrich Dylong

Geb. 12. 01. 1894 in Königshütten, Oberschlesien · Gest.
21. 08. 1965
Schlossermeister
1916 Mitglied der SPD
1964 Stadtältester
Grab: Abtlg. 18 – L – 99   *Ehrengrab*

Alexander Engel

Geb. 04. 06. 1902 in Berlin · Gest. 28. 07. 1968
Schauspieler und Regisseur
Charakterdarsteller
Film u. a. „Parkstraße 13", 1939
„Anschlag auf Baku", 1942
Grab: Abtlg. II – Ur 3 – 161

Josef Pels von Felinau

Geb. 24. 10. 1895 in St. Pölten, Österreich · Gest. 15. 02. 1978
Schriftsteller, Regisseur, Filmautor, Rezitator
Ca. 150 Hörspiele, Film-Drehbücher „Titanic", 1930
„Liebe, Tod und Teufel", 1933
Grab: Abtlg. 8 – B – 1/2

Erich Fiedler

Geb. 15. 03. 1901 in Berlin · Gest. 19. 05. 1981
Schauspieler
Charakterdarsteller, Komiker und singender Bonvivant auch im
Film, u. a. „Sieben Ohrfeigen", 1937
„Via mala", 1945
Grab: Abtlg. II – Ur – 106

Max Jakob Friedländer

Geb. 05. 06. 1867 in Berlin · Gest. 10. 10. 1958 in Amsterdam
Kunsthistoriker, Geheimrat
1924–1933 Direktor der Berliner Gemäldegalerie
Hauptwerk: „Die altniederländische Malerei", 14 Bde.,
1924–1937
Grab: Abtlg. 2 – D Erbb.

Curt Goetz, eigentlich Kurt Götz

Geb. 17. 11. 1888 in Mainz · Gest. 12. 09. 1960 in Grabs,
Kr. St. Gallen
Schriftsteller und Schauspieler
Erfolgreiche Komödien mit geistreich-witzigen Dialogen, u. a.
,,Hokuspokus", 1926
,,Dr. med. Hiob Prätorius", 1933
,,Der Raub der Sabinerinnen"
Seine Ehefrau, Valerie von Martens, vielfach in der Hauptrolle
Urne 03. 05. 1983 nach Berlin überführt
Grab: Abtlg. 16 – G – 11/12   *Ehrengrab*

Wolfgang Carl Gustav **Goetz**

Geb. 10. 11. 1885 in Leipzig · Gest. 03. 11. 1955
Schriftsteller, Dramatiker, Kritiker, Essayist, Historiker
Hg.: Berliner Hefte für geistiges Leben
,,Neidhart v. Gneisenau", 1925
,,Napoleon" Biographie, 1923
Grab: Abtlg. 5 – F – 21

George Grosz, bürgerlicher Name Georg Ehrenfried

Geb. 26. 07. 1893 · Gest. 06. 07. 1959
Maler, Zeichner, Graphiker
Mitbegründer der Dada-Bewegung. Schärfster Kritiker des
Bürgertums und des aufkommenden Nationalsozialismus.
Auswanderung in die USA 1933.
Lebenserinnerungen: ,,Ein kleines Ja und ein großes Nein",
1955
Grab: Abtlg. 16 – B – 19   *Ehrengrab*

Thea von Harbou

Geb. 27. 12. 1888 in Tauperlitz · Gest. 01. 07. 1954
Schriftstellerin, Drehbuchautorin
,,Metropolis", 1926

Tonfilm: „M", 1931
Verheiratet mit Fritz Lang
Grab: Abtlg. 6 – H – 10   *Ehrengrab*

Maximilian Harden, bürgerlicher Name Isidor Witkowski

Geb. 20. 10. 1861 in Berlin · Gest. 30. 10. 1927 in Montana
(Kanton Wallis)
Schriftsteller, Kritiker, Schauspieler, Journalist
Herausgeber der Wochenzeitschrift „Zukunft", 1892–1923
Vertreter des Pazifismus und Mitbegründer der
„Freie Volksbühne"
„Köpfe", 4 Bde. (1910–1924), literarische Porträts von
Zeitgenossen
Grab: Abtlg. 8 – C – 10

Alfred Helberger

Geb. 24. 03. 1871 in Frankfurt am Main 25 · Gest. 31. 01. 1946
Maler; hauptsächlich Landschafts- und Porträtmaler
Grab: Abtlg. 20 – C – 12/13   *Ehrengrab*

Frieda Hempel

Geb. 26. 06. 1885 in Leipzig · Gest. 07. 10. 1955 in Berlin
Kammersängerin, Dramat. und Koloratursopran
(Bayreuth, London und New York)
„Mein Leben dem Gesang", 1955
Grab: Abtlg. I – Erbb. 12

Jo Herbst

Geb. 11. 08. 1928 in Berlin · Gest. 19. 09. 1980
Schauspieler und Kabarettist
11 Jahre Kabarett „Die Stachelschweine", viele Fernsehrollen
Filme u. a. „Der Hauptmann und sein Held"
Grab: Abtlg. 7 G – 13/14

Paul Höffer

Geb. 21. 12. 1895 in Wuppertal-Barmen · Gest. 31. 08. 1949
  Komponist
  Professor für Komposition an der Staatl. Hochschule für Musik
  in Berlin
  Kammer- und Orchestermusik, Kinderlieder
  „Der falsche Waldemar", Oper, 1934
  „Der reiche Tag", Oratorium, 1938
Grab: Abtlg. II – W – 12 – 245

Felix Holländer

Geb. 01. 11. 1867 in Leobschütz, Oberschlesien · Gest. 29. 05. 1931
  Schriftsteller, Theaterkritiker
  1908–1913 Dramaturg am Deutschen Theater
  1920 am Großen Schauspielhaus Nachfolger Max Reinhardts
  „Der Demütige und die Sängerin" Roman, 1925
Grab: Abtlg. 3 – B – 29/30

Maria Holst

Geb. 02. 04. 1917 in Wien · Gest. 09. 10. 1980 in Salzburg
  Schauspielerin
  1938–1945 Mitglied des Burgtheaters
  Filme u. a. „Wiener Blut", 1938
  „Die Trapp-Familie", 1956
  „Operette", 1939
  Verheiratet mit Dr. Eugen Graf Ledeburg
Grab: Abtlg. I Ur – 51

Arno Holz

Geb. 26. 04. 1863 in Rastenburg, Ostpreußen · Gest. 26. 10. 1929
  Dichter, Lyriker und Literaturkritiker
  Mitbegründer des Naturalismus („Die Kunst, ihr Wesen und ihre
  Gesetze", 1891/92)
Grab: Abtlg. 3 – B – 27/28

Hermann Jansen

Geb. 28. 05. 1869 in Aachen · Gest. 20. 02. 1945
    Architekt, Städteplaner
    Professor für Städtebau an der TH Berlin
Grab: Abtlg. 7 – C – 20   *Ehrengrab*

Karl John

Geb. 24. 03. 1905 in Köln/Rhld. · Gest. 22. 12. 1977
    Filmschauspieler und Schauspieler
    Filme u. a. „Andreas Schlüter", 1942
    „Zwei in einer großen Stadt", 1942
Grab: Abtlg. 16 – D – 32/33

Margarete Klose – Bültemann

Geb. 06. 08. 1902 in Berlin · Gest. 14. 12. 1968
    Kammersängerin, Alt
    1964 Dozentin im Salzburger Mozarteum
Grab: Abtlg. I Ur – 8

Georg Kolbe

Geb. 13. 04. 1877 in Waldheim, Krs. Döbeln, Sachsen · Gest.
15. 11. 1947
    Bildhauer, Maler und Lithograph
    Werke u. a. im Georg-Kolbe-Museum
    „Kleine Tänzerin", 1912
Grab: Abtlg. 2 – D – 4

Victor de Kowa, bürgerlicher Name Victor Paul Karl de Kowalziki

Geb. 08. 03. 1904 in Hochkirch b. Görlitz · Gest. 08. 04. 1973
    Schauspieler, Regisseur, Drehbuchautor
    Filme u. a.: ,,Altes Herz wird wieder jung", 1942
    ,,Des Teufels General", 1955
    Regie: ,,Schneider Wibbel", 1939 und
    am Burgtheater: ,,Das Dunkel ist Licht"
    Biographie ,,Als ich noch Prinz war in Arkadien", 1955
    Verheiratet mit Michi Tanaka
Grab: Abtlg. 16 – G – 29

August F. J. Kraus

Geb. 09. 07. 1868 in Ruhrort a. Rhein · Gest. 1934
    Maler
    Meisterschüler von Degas
    Großer Staatspreis von Rom
Grab: Abtlg. 8 D – 3/4   *Ehrengrab*

Kate Kühl, bürgerlicher Name Frederieke Kühl

Geb. 16. 12. 1899 in Köln · Gest. 29. 01. 1970
    Chansonette
    Erfolg in der Revue von Friedrich Hollaender:
    ,,Ich und der Kaiser", 1933
    Filme u. a.: ,,Capriccio", 1938
    ,,Der verzauberte Tag", 1944
Grab: Abtlg. 8 – C – 65

Eduard Künneke

Geb. 27. 01. 1885 in Emmerich/Rh. · Gest. 27. 10. 1953
    Komponist
    Operetten, Filmmusik
    ,,Der Vetter aus Dingsda", 1921
    ,,Die große Sünderin", 1935
Grab: Abtlg. II – W 7 – 71

Helene E. Lange

Geb. 09. 04. 1848 in Oldenburg · Gest. 13. 05. 1930
Lehrerin
Entscheidende Persönlichkeit der deutschen
Frauenbewegung (1890–1921)
1893 Zeitschrift „Die Frau" mit ständig eigenen Aufsätzen
Hauptwerk: „Handbuch der Frauenbewegungen", 5 Bde.,
1901–1905
Grab: Abtlg. 5 – A – 1   *Ehrengrab*

Frida Leider-Deman

Geb. 18. 04. 1888 in Berlin · Gest. 04. 06. 1973
Sängerin (Sopran)
1932–1934 an der „Met" engagiert
1932–1940 Berliner Staatsoper
1945–1952 Leiterin des Gesangsstudiums an der Staatsoper
Buch: „Das war mein Teil", 1959
Grab: Abtlg. 19 – N – 26/27   *Ehrengrab*

Erich C. Marcks

Geb. 17. 11. 1861 in Magdeburg · Gest. 22. 11. 1938
Historiker
Professor für Neue Geschichte
Meister der psychologischen Charakteristik
„Königin Elisabeth von England", 1897
Grab: Abtlg. 8 – B – 35/36

Karlheinz Martin

Geb. 06. 05. 1888 in Freiburg im Breisgau · Gest. 13. 01. 1948
Regisseur
1919 Mitbegründer der „Tribüne"
1928–1933 Direktor der „Volksbühne"
Intendant des Hebbel-Theaters
November 1945 erster Berliner Intendant
Filmregisseur: „Anschlag auf Schweda", 1935
Grab: Abtlg. II – Erbb. – 31   *Ehrengrab*

Hans-Joachim Moser

Geb. 25. 05. 1889 in Berlin · Gest. 14. 08. 1967
Musikforscher, Professor
Hauptwerk: ,,Geschichte der deutschen Musik", 3 Bde.
1927–1934 Direktor der Akademie für Kirchen- u. Schulmusik
1950–1960 Direktor des Städt. Konservatoriums
Grab: Abtlg. 7 – F – 6/7

Hermann Müller

Geb. 18. 04. 1885 · Gest. 19. 01. 1947
1904 Olympiasieger in Leichtathletik
Grab: Abtlg. II W 15 – R 5 – Nr. 28   *Ehrengrab*

Walter Neusel

Geb. 25. 11. 1907 in Bochum · Gest. 08. 10. 1964
Erfolgreicher Schwergewichtsboxer
Grab: Abtlg. II – W – 13 – 227/228

Albert Friedrich Karl Panschow

Geb. 31. 12. 1861 in Stettin · Gest. 26. 11. 1953
Innungs-Obermeister der Berliner Bandagisten-Orthopädie-
und Chirurgie-Mechaniker
1950 Stadtältester
Grab: Abtlg. 8 – B – 103b/c   *Ehrengrab*

Werner Peters

Geb. 07. 07. 1918 in Werlitzsch, Sachsen · Gest. 30. 03. 1971
Schaupieler
Zunächst Deutsches Theater und Volksbühne, Berlin (Ost)
1955 Berlin-West
Filme u. a. ,,Affäre Blum", 1948
,,Der Untertan", 1951, Nationalpreis der DDR

„Nachts, wenn der Teufel kam", 1956
Grab: Abtlg. II – W – 13 – 215/216

Joachim Ringelnatz, bürgerlicher Name Hans Bötticher

Geb. 07. 08. 1883 in Wurzen · Gest. 17. 11. 1934
Schriftsteller, Seemann, Kabarettist und Maler
1909 Hausdichter im Münchner Kabarett „Simpl"
Später im Berliner „Schall und Rauch" als Moritaten- und
Bänkelsänger
„Kuttel Daddeldu", 1922
Grab: Abtlg. 12 – D – 21   *Ehrengrab*

Willi Rose, Wilhelm Bernhard Max Rose

Geb. 04. 02. 1902 in Berlin · Gest. 15. 06. 1978
Schauspieler
„Bürgermeister Anna", 1950
Grab: Abtlg. II Ur – 10 – 1 – 22

Oscar Sabo

Geb. 29. 08. 1881 in Wien · Gest. 02. 05. 1969
Schauspieler
Stummfilm: „Hanni, kehre zurück", 1914, Lustspiel
Tonfilm: „Das Hofkonzert", 1936
Grab: Abtlg. II Ur 3 – 36

Oscar Sabo jr.

Geb. 17. 08. 1922 in Werlsee · Gest. 18. 12. 1978
Schauspieler
(u. a. Doolittle in „My Fair Lady" im „Theater des Westens")
Grab: Abtlg. II Ur 3 – 3b

Willy Schaeffers, bürgerlicher Name Wilhelm Schäffer

Geb. 02. 09. 1884 in Landsberg/Warthe · Gest. 10. 08. 1968
    Kabarettist, Conferencier
    1938 Leitung „Kabarett der Komiker"
    Filme u. a. „Capriccio", 1938
    „Brillanten", 1939
    Buch: „Bunte Palette", 1953
Grab: Abtlg. 15 – 157   *Ehrengrab*

August Scholtis, Pseudonym Alexander Bogen

Geb. 07. 08. 1901 in Bolatitz, Oberschlesien · Gest. 25. oder
26. 04. 1969
    Schriftsteller und Journalist
    Erzählungen heimatlicher Art
    u. a. „Der heilige Jarmussek", 1949
    „Ein Herr aus Bolatitz", 1959 (Erinnerungen)
Grab: Abtlg. 6 – B – 9   *Ehrengrab*

Carl Schuhmann

Geb. 12. 05. 1869 in Berlin · Gest. 24. 03. 1946
    Olympiasieger 1896 in Athen
    4 Goldmedaillen (Barren, Reck, Pferdsprung, Ringen, Griech.-
    röm.)
Grab: Abtlg. II – W – 7 – 48

Johannes Heinrich Schultz

Geb. 20. 06. 1894 in Göttingen · Gest. 19. 10. 1970
    Nervenarzt und Psychotherapeut
    Professor
    Entwickelte „Autogenes Training"
Grab: Abtlg. II – W – 2 – 4064

Jockel Hans-Joachim **Stahl**

Geb. 20. 09. 1911 in Kranichbruch, Ostpreußen · Gest. 28. 04. 1957
   Solotänzer
   Ehefrau und Balettpartnerin Lieselotte Köster
Grab: Abtlg. 18 – L – 4

Leonhard Steckel

Geb. 08. 01. 1901 in Kuihinin, Ungarn · Gest. 09. 02. 1976 in Aitrang
Opfer einer Eisenbahnkatastrophe
   Schauspieler und Regisseur (u. a. am Schiller-Theater
   und am Züricher Schauspielhaus)
   Filme u. a. ,,Der Hauptmann von Köpenick", 1931
Grab: Abtlg. II – Wc – 34

Georg Sueßenguth

Geb. 27. 01. 1862 · Gest. 30. 03. 1940
   Architekt
   Gemeinsam mit Prof. H. Reinhardt: Rathäuser von
   Charlottenburg, Steglitz und Spandau
Grab: Abtlg. 18 – F – 21

Jacob Karl Tiedtke

Geb. 23. 06. 1875 in Berlin · Gest. 23. 06. 1960
   Schauspieler und Filmschauspieler (seit 1906)
   Stummfilm u. a. ,,Das alte Gesetz", 1923
   Tonfilme u. a. ,,Berlin-Alexanderplatz", 1931
   ,,Verwehte Spuren", 1938
Grab: Abtlg. II Ur 6 – 129 g

Wilhelm Trebitsch, Künstlername: Willy Trenk-Trebitsch

Geb. 11. 03. 1902 in Wien · Gest. 21. 09. 1983
Schauspieler und Regisseur
„Mackie Messer" in der „Dreigroschenoper" von
Bertolt Brecht und Kurt Weill
Bearbeitung von Prosawerken von Arthur Schnitzler
Grab: Abtlg. II Ur 6 – 437

Eduard Wandrey

Geb. 26. 07. 1899 in Friedrichshagen bei Berlin · Gest. 23. 01. 1974
Staatsschauspieler (Schiller-Theater)
Tonfilm: „Am seidenen Faden", 1938
Grab: Abtlg. II – W – 12 – 90/91

Paul Wegener

Geb. 11. 12. 1874 in Bischdorf, Ostpreußen Arnoldorf Krs. Briesen,
Westpreußen · Gest. 13. 09. 1948
Schauspieler
Große Rollen in Max Reinhardts Deutschem Theater und im
Schiller-Theater u. a. „Nathan der Weise", „Richard III.",
„Franz Moor"
Stummfilm „Der Golem und die Tänzerin"
Tonfilme: „ . . . nur ein Komödiant", 1935
„Hochzeit auf Bärenhof", 1942
(Drehbuch, Regie und Mitdarsteller)
Sammler und Kenner von Alt-China
Grab: Abtlg. 4 – B   *Ehrengrab*

Kurt Wegner

Geb. 02. 07. 1898 in Berlin · Gest. 21. 02. 1964
Modellbauerlehrer
1917 Mitglied der SPD
Bezirksbürgermeister von Charlottenburg
Von 1950–1954 im Bau- und Wohnungswesen
Grab: Abtlg. 12 – D – 19/20   *Ehrengrab*

Grethe Weiser, Margarete verh. Schwerin

Geb. 27. 02. 1903 in Hannover · Gest. 02. 10. 1970,
Autounfall bei Bad Tölz
  Schauspielerin
  Filme u. a. ,,Die göttliche Jette", 1937
  ,,Meine Kinder und Ich", 1955
Grab: Abtlg. 18 – L – 228/229   *Ehrengrab*

Agnes Windeck

Geb. 27. 03. 1888 in Hamburg · Gest. 28. 09. 1975
  Staatsschauspielerin
  Mitwirkung bei den ,,Insulanern"
  Filme u. a. ,,Die barmherzige Lüge", 1939
  ,,Die große Liebe", 1942
Grab: Abtlg. 18 – K – 122

Landeseigener Friedhof Ruhleben
Am Hain

Valeska Gert, bürgerlicher Name Gertrud Anderson

Geb. 11. 01. 1900 in Berlin · Gest. 15. 03. 1978 in Kampen (Sylt)
  Tänzerin, hauptsächlich Ausdruckstanz
  Filmrollen, u. a.: ,,Die freudlose Gasse", 1925
  Buch: ,,Katze von Kampen", 1973
Grab: Abtlg. XVI – 175   *Ehrengrab*

Paul Sanow, ,,Mause-Paul"

Geb. 23. 08. 1925 · Gest. 15. 03. 1980
  Stadtstreicher, eine Berühmtheit am Bahnhof Zoo
Grab: Abtlg. XXIII B – 462

Kirchhof I der Luisen-Gemeinde
Guerickestraße 7–9

Ernst March

Geb. 30. 06. 1798 in Pommern · Gest. 14. 12. 1847
Töpfermeister
1837 Gründer einer später königlichen Tonwarenfabrik,
speziell Mosaiken
Sohn Otto March Erbauer des Deutschen Stadions in Berlin
Enkel Werner der des Reichssportfeldes mit dem
Olympiastadion

Ferdinand Otto Sydow

Geb. 1754 in Berlin · Gest. 1818
Kommunalpolitikder
1796–1818 Bürgermeister von Charlottenburg

Ehrengrab

Gräber rechts an der Mauer

Kirchhof II der Luisen-Gemeinde
Alter Luisenfriedhof
Königin-Elisabeth-Straße 46–50 und Lerchpfad

Wilhelm von Bode

Geb. 10. 12. 1845 in Calvörde bei Magdeburg · Gest. 01. 03. 1929
Kunsthistoriker
1906–1920 Generaldirektor der Berliner Museen
Besonderes Interesse: italienische und holländische Malerei
des 17. Jahrhunderts
Erneuerung des Museumswesens
Weltgeltung der Berliner Museen
Hauptwerk: ,,Rembrandt", gemeinsam mit de Grood, 8 Bde.,
1897–1905
Grab: C 1 – Gitter 5

Hans Brausewetter

Geb. 27. 05. 1899 in Malaga · Gest. 29. 03. 1945
(Tod durch Bombensplitter bei Fliegerangriff)
    Schauspieler
    Stummfilm: ,,Der Kaufmann von Venedig", 1923
    Zahlreiche Filmrollen, u. a. in
    ,,Das Paradies der Junggesellen", 1937
    ,,Damals", 1942
Grab: A 1 – 12 – 51/52

Hans Fritsche

Geb. 04. 09. 1832 · Gest. 16. 03. 1898
    1876–1898 Oberbürgermeister von Charlottenburg
Grab: C I – Gitter 6 – VI   *Ehrengrab*

Hedwig Heyl, geb. Crüsemann

Geb. 03. 05. 1850 in Bremen · Gest. 23. 01. 1934
    Politikerin und Frauenrechtlerin
    1884 Gründung der ersten Koch- und Haushaltungsschule
    ,,ABC der Küche", 1888
    ,,Handbuch der Hausarbeit", 1905
Grab: SE – 8 (Mauer)   *Ehrengrab*

Rochus Freiherr von Liliencron

Geb. 08. 12. 1820 in Plön, Holstein · Gest. 05. 03. 1912 in Koblenz
    Germanist und Musikforscher, Professor
    1879–1905 Mitherausgeber der
    ,,Allgemeinen Deutschen Biographie"
    Neue Gottesdienstordnung
    ,,Die historischen Volkslieder der Deutschen", 1865–1869
Grab: M – 13 – 24   *Ehrengrab*

Otto March

Geb. 07. 10. 1845 in Berlin · Gest. 02. 04. 1913
   Architekt, Professor
   Regierungsbaumeister
   1912 Erbauer des Schiller-Theaters
   (im Zweiten Weltkrieg zerstört)
   und des Deutschen Stadions, Vorläufer des Olympiastadions

Werner March

Geb. 17. 01. 1894 in Berlin · Gest. 11. 01. 1976
   Architekt, Professor
   1936 Erbauer des Reichssportfeldes mit dem Olympia-Stadion
   Freilichtbühne Rehberge
   Sohn von Otto March
Gräber: B – 21 – 10a und b

Adalbert K. Matkowsky

Geb. 06. 12. 1857 in Königsberg, Ostpreußen · Gest. 16. 03. 1909
   Hofschauspieler, Helden- und Charakterdarsteller
   Hamburg, Dresden und Berlin
Grab: MG 6 – 21 – 4   *Ehrengrab*

Fritz Richard Schaudinn

Geb. 19. 09. 1871 in Röseningken bei Gumbinnen, Ostpreußen ·
Gest. 22. 06. 1906 in Hamburg
   Zoologe und Mikrobiologe, Professor
   Gemeinsam mit E. Hoffmann Entdeckung des Erregers
   der Syphilis und dem der Amöbenruhr
Grab: B – 4 – 1a + b   *Ehrengrab*

Harry Walden, genannt Scheier

Geb. 22. 10. 1875 in Berlin · Gest. 04. 06. 1921
   Schauspieler

Das Geheimnis der Liebe ist größer
als das Geheimnis des Todes
Gräber: C – 22 – 16 – 17   *Ehrengrab*

Kirchhof III der Luisen-Gemeinde
Fürstenbrunner Weg 37–67

Heinrich Karl Brugsch

Geb. 18. 02. 1827 in Berlin · Gest. 09. 09. 1894
    Ägyptologe
    1881 Titel Pascha
    Entzifferte das Demotische
Grab: C 2 – 15 – 20/21
Grab des Sohnes Th. B., Chausseestraße 126

Joachim Krüger

Geb. 31. 01. 1915 in Berlin · Gest. 21. 04. 1969
    Conférencier
    1943–1944 Strafeinsatz im Bataillon 999
Grab: F 2 – 10 – B 6

Günter Christian Ludwig Neumann

Geb. 19. 03. 1913 in Berlin · Gest. 17. 10. 1972
    Schriftsteller, Komponist und Kabarettist
    1948/49 während der Blockade und danach Rundfunk-Sendung
    ,,Die Insulaner"
    Theater: ,,Der schwarze Jahrmarkt", 1957
    Film: ,,Das Wirtshaus im Spessart", 1970
    Bücher u. a. ,,Ich war Hitlers Schnurrbart", 1949
    1960 Kunstpreis der Stadt Berlin
Grab: E II – G (Gitter) – 3 a + b

Tatjana Sais, geb. Hofler

Geb. 28. 01. 1910 in Frankfurt am Main · Gest. 26. 02. 1981
   Kabarettistin, Salondame
   1934 an die Berliner „Katakombe"
   Filme u. a. „Gabriele 1, 2, 3", 1937
   „Berliner Ballade", 1948
   Verheiratet mit Günter Neumann, nach dessen Tod
   mit Sir Hugh Greene, dem Bruder Graham Greenes
Grab ebenfalls: E II – G – 3 a + b

Kirchhof der
Kaiser-Wilhelm-Gedächtnis-Gemeinde
Fürstenbrunner Weg 69–79

August Bredtschneider

Geb. 22. 09. 1855 · Gest. 13. 05. 1924
   Architekt, Stadtbaurat
   Pläne u. a.: U-Bahn nach Charlottenburg, Bismarckstraße bis
   Jungfernheide und Ausbau der Jungfernheide zum Volkspark
   1917 Stadtältester
Grab: Abtlg. HW – 5 – 2   *Ehrengrab*

Franz Diener

Geb. 02. 06. 1906 · Gest. 21. 04. 1969
   Boxer (Schwergewicht), später Gastronom
Grab: Abtlg. HW – R. 14 – 23/24

Alfred Dührssen

Geb. 23. 03. 1862 in Heide, Holstein · Gest. 11. 10. 1933
   Gynäkologe und Frauenarzt, Professor
Grab: Abtlg. AW – 1 – 15

Anna von Gierke

Geb. 14. 03. 1874 in Breslau · Gest. 03. 04. 1943
    Fürsorgerin
    Seit 1890 soziale Arbeit, insbesondere Kinderfürsorge
    und Jugendwohlfahrt
    Tochter von Otto von Gierke
Grab: Abtlg. AW – 3 – 1a   *Ehrengrab*

Otto Friedrich von Gierke

Geb. 11. 01. 1841 in Stettin · Gest. 10. 10. 1921
    Jurist, Rechtshistoriker
    Geheimer Justizrat, o. Professor für deutsches Privat- und
    Staatsrecht
    Führend in Rechtsgermanistik
    ,,Das deutsche Genossenschaftsrecht", 4 Bde., 1868–1917
    Deutsches Privatrecht (unvoll.)
Grab: Abtlg. AW – 3 – 1c   *Ehrengrab*

Joseph Joachim

Geb. 28. 06. 1831 in Kittsee, Burgenland, Ungarn · Gest. 15. 08. 1907
    Geigenvirtuose und Komponist, Professor
    1868 Direktor der neuen Hochschule für Musik
    1869 eigenes Streichquartett
                     Ehrengrab

Amalie Joachim, geb. Weiß

Geb. 10. 05. 1839 (?) in Marburg, Steiermark · Gest. 04. 02. 1899
    Sängerin, Alt
    Ehefrau von Joseph Joachim (1882 geschieden)
Grab: Abtlg. D. Gitter   *Ehrengrab*

Oskar M. E. Liebreich

Geb. 14. 02. 1839 in Königsberg · Gest. 02. 07. 1908
    Mediziner, Geheimer Medizinalrat, Professor
    Direktor des pharmakologischen Instituts der

Friedrich-Wilhelms-Universität
Grab: Abtlg. F – 5 – 7   *Ehrengrab*

Carl Mittag

Geb. 17. 12. 1852 · Gest. 27. 08. 1922
   Kommunalpolitiker
   Stadtrat
   1919 Stadtältester
Grab: Abtlg. F – Gitter, Hauptweg – 5

Henny Porten

Geb. 07. 01. 1890 in Magdeburg · Gest. 15. 10. 1960
   Schauspielerin
   Stummfilm: ,,Friedel der Geiger", 1910/11
   (Eine Legende aus Tirol)
   Tonfilme: ,,Kohlhiesels Töchter", Doppelrolle, 1930/31
   ,,Komödianten", 1941
   1933 Buch: ,,Vom Kintopp zum Tonfilm"
   Verheiratet mit Dr. med. Wilhelm von Kaufmann
Grab: Linke Friedhofsmauer Gedenkstelle   *Ehrengrab*
Urne der Fam. Kaufmann unter der Kapelle

Gustav von Schmoller

Geb. 24. 06. 1838 in Heilbronn · Gest. 27. 06. 1917 in Bad Harzburg
   Volkswirtschaftler
   Wirklicher Geheimer Rat, Professor
   Mitgründer des Vereins für Sozialpolitik
   Vorkämpfer der deutschen Sozialgesetzgebung
   ,,Grundriß der allgemeinen Volkswirtschaftslehre", 1900–1904
Grab: Abtlg. B – 1 – Gitter   *Ehrengrab*

Friedrich Spielhagen

Geb. 24. 02. 1829 in Magdeburg · Gest. 25. 02. 1911
   Schriftsteller, Erzähler
   ,,Sturmflut", Roman 3 Bde., 1877
   ,,Beiträge zur Theorie und Technik der Epik und des Dramas",
   1883
   ,,Neue Beiträge . . .", 1898
   ,,Liebe für Liebe", Schauspiel
Grab: D – 1 – Erbb. (linke Mauer)   *Ehrengrab*

Kurt Vespermann

Geb. 01. 05. 1887 in Kulmsee, Westpreußen · Gest. 13. 07. 1957
   Schauspieler
   Filmrollen u. a. in ,,Befehl ist Befehl", 1936
   ,,Es war eine rauschende Ballnacht", 1939
Grab: D 9 – 27/28

Lokalie Maria Regina Martyrum
Charlottenburg-Nord, Heckerdamm 230

Gedächtniskirche der deutschen Katholiken zu Ehren der Kämpfer
für Glaubens- und Gewissensfreiheit 1933–1945

Erich Joseph Klausener

Geb. 25. 01. 1885 in Düsseldorf · Gest. 30. 06. 1934 erschossen
   Jurist
   Ministerialdirektor
   1928–1934 Vorsitzender der katholischen Aktion im Bistum
   Berlin
   Am 24. 06. 1934 Ansprache auf der Rennbahn Hoppegarten an
   60 000 Gläubige

   2. Grabstelle für Bernhard Lichtenberg
   Sein Grab in der St.-Hedwig-Kathedrale, Ost-Berlin

   Eine 3. Grabstelle ist Symbol für alle Verfolgten

Friedhof der Jüdischen Gemeinde zu Berlin
Scholzplatz, Heerstraße

Martin Berliner

Geb. 09. 02. 1896 in Wien · Gest. 25. 01. 1966
Schauspieler
1955 Rückkehr aus der Emigration
Renaissance-Theater
Grab: D I – 9 – 1190   *Ehrengrab*

Ernst Deutsch

Geb. 16. 09. 1890 in Prag · Gest. 22. 03. 1969
Schauspieler
1917 Berlin (Max Reinhardt), 1933 in die USA
Bedeutendste Rolle: ,,Nathan der Weise'' von G. E. Lessing
Filme: ,,Das alte Gesetz'', 1923, ,,Der Prozeß'', 1948
Grab: W I – R. 1 Ehrenreihe 1652

Elli Silmann

Geb. 01. 09. 1898 in Berlin · Gest. 20. 11. 1982
Managerin und Schauspieleragentin
Grab: F I – 6

Siegmund Weltlinger

Geb. 29. 03. 1886 in Hamburg · Gest. 18. 05. 1974
Mitglied des Abgeordnetenhauses für die CDU
1961 Stadtältester
Grab: F II – 4 Ehrenreihe   *Ehrengrab*

Jeanette Wolff, geb. Cohen

Geb. 22. 06. 1888 in Bocholt, Westfalen · Gest. 19. 05. 1978
Kindergärtnerin und Journalistin
1905 Eintritt in die sozialistische Arbeitsbewegung
1952 Mitglied des Abgeordnetenhauses für die SPD
1952–1961 MdB; 1967 Stadtälteste
Grab: Ehrenreihe 2704   *Ehrengrab*

Bezirk Kreuzberg

Kirchhof I der Dreifaltigkeitsgemeinde
Am Blücherplatz/Baruther Straße

Franz Bopp

Geb. 14. 09. 1791 in Mainz · Gest. 23. 10. 1867
Sprachforscher, Professor
Begründer der vergleichenden Sprachwissenschaft
Grab: M – UA – 26   *Ehrengrab*

Martin Gropius

Geb. 11. 08. 1824 in Berlin · Gest. 13. 12. 1880
Architekt
Ehem. Kunstgewerbemuseum, Krankenhäuser
u. a. Friedrichshain
1869 Direktor der Berliner Kunstschule
Grab: C – WS – 6   *Ehrengrab*

Johann Georg Halske

Geb. 30. 07. 1814 in Hamburg · Gest. 18. 03. 1890
Ingenieur und Technologe
1847 Gemeinsam mit Werner von Siemens Begründer der
Telegraphen-Bauanstalt: „Siemens & Halske"
1867 Ausscheiden, Tätigkeit für Ausbau Kunstgewerbemuseum
1880–1886 Stadtrat
Grab: M – HA – 1 – 11

Moritz Theodor Haupt

Geb. 27. 07. 1808 in Zittau · Gest. 05. 02. 1874
Germanist und Altphilologe
1841 Professur Leipzig
1848 Hochverratsprozeß
1851 Entlassung trotz Freispruch
1853 Professur in Berlin

1869 Sekretär der Akademie der Wissenschaft
1841 Erster Herausgeber „Zeitschrift für deutsches Altertum"
Grab: D – Erbb.

Karl Wilhelm Ludwig Heyse

Geb. 15. 10. 1797 in Oldenburg · Gest. 26. 11. 1855
Sprachforscher, Professor
1815 Erzieher im Hause Wilhelm von Humboldt
Vater von Paul Heyse
Grab: D – 1 – 11

Charlotte von Kalb, geb. Marschalk von Ostheim

Geb. 25. 07. 1761 in Waltershausen bei Königshofen im Grabfeld ·
Gest. 12. 05. 1843
Schriftstellerin
1784 mit Friedrich von Schiller befreundet
Grab: B – HA – 14   *Ehrengrab*

Georg Klingenberg

Geb. 28. 11. 1870 in Hamburg · Gest. 07. 12. 1925
Elektrotechniker, Ingenieur
Pionierarbeit auf dem Gebiet des Kraftwerkbaus
1902 Vorstandsmitglied AEG
70 Elektrizitätskraftwerke wurden nach seinen Plänen erbaut
18. 12. 1926 Eröffnung des BEWAG-Kraftwerkes in Lichtenberg
(Kraftwerk Klingenberg)
Grab: A – W. S. – 41

August Kopisch

Geb. 26. 05. 1799 in Breslau · Gest. 06. 02. 1853
Maler und Dichter
Bekanntes Gedicht: „Die Heinzelmännchen von Köln"

Mit Ernst Fries gemeinsam Entdeckung der „Blauen Grotte"
bei Capri
„Die Schlösser und Gärten zu Potsdam", 1854
Grab: C – W. S. – 52   *Ehrengrab*

Friedrich Wilhelm von Krause

Geb. 07. 12. 1802 in Liebenwalde · Gest. 13. 11. 1877
Industrieller
Weinhandlung, später Bank und ein Eisenhütten- und Emailwerk
Grab: M – UA – 7   (Mausoleum von Schaper)

Karl Lachmann

Geb. 04. 03. 1793 in Braunschweig · Gest. 13. 03. 1851
Germanist und Altphilologe
o. Professor an der Friedrich-Wilhelms-Universität
Mitbegründer der histor.-kritischen Methode
„Über die ursprüngliche Gestalt des Gedichts von der
Nibelungen Not", 1816
Grab: B – oben 2 – 4   *Ehrengrab*

Friedrich August Leo

Geb. 06. 12. 1820 · Gest. 30. 06. 1898
Anglist, Shakespeare-Forscher, o. Professor
Übersetzungen
Grab: B – OA – 76   *Ehrengrab*

Constantin Liebig

Geb. 09. 06. 1847 in Breslau · Gest. 19. 12. 1928
Journalist, Begründer der „Schrippenkirche"
1892 Verein „Dienst an Arbeitslosen"
Bücher: „Obdachlose", 1894
„Das Arbeitsheer", 1902
Grab: B – 20 - 24

Philipp Konrad Marheineke

Geb. 01. 05. 1780 in Hildesheim · Gest. 31. 05. 1846
  Evangelischer Theologe
  1811 o. Professor an der Friedrich-Wilhelms-Universität
  „Geschichte der deutschen Reformation", 2 Bde., 1816
Grab: B – OA – 47   *Ehrengrab*

Adolph Friedrich Erdmann von Menzel

Geb. 08. 12. 1815 in Breslau · Gest. 09. 02. 1905
  Maler und Zeichner, Professor
  Wirklicher Geheimer Rat
  „Das Flötenkonzert", 1852
  Pour le mérite (Friedensklasse)
Grab: A – W. S. – 48   *Ehrengrab*
Denkmalbüste von R. Begas

Christian Andreas Theodor Mommsen

Geb. 30. 11. 1817 in Garding, Schleswig · Gest. 01. 11. 1903
in Charlottenburg
  Historiker und Jurist, Professor
  1848 Professor für römisches Recht, Leipzig
  1861 Professor für römische Geschichte, Berlin
  1896 Ehrenbürger der Stadt Rom
  1902 Nobelpreis für Literatur
  Arbeiten grundlegend für Epigraphik, Numismatik,
  Rechtsgeschichte, „Römische Geschichte", 1854
  „Geschichte des Römischen Münzwesens", 1860
Grab: O – UA – 36   *Ehrengrab*

Albert Orth

Geb. 15. 06. 1835 auf Pachtgut Lengefeld bei Corbach · Gest.
23. 08. 1915
  Biologe, o. Professor für Acker- und Pflanzenkunde
  „Beiträge zu Bodenuntersuchungen"
Grab: L – MA – 12

Georg Heinrich Pertz

Geb. 28. 03. 1795 in Hannover · Gest. 07. 10. 1876 in München
Geheimer Regierungsrat
Historiker, Archivar
1824–1873 (mit einigen Unterbrechungen) Leitung der
„Monumenta Germaniae historica"
„Freiherr von Stein", 6 Bde.
Grab: C – UA – 2   *Ehrengrab*

Karl Ferdinand Ranke

Geb. 26. 05. 1802 in Wiehe, Thüringen · Gest. 29. 03. 1876
Wirklicher Geheimer Rat, Professor
Philosoph, Pädagoge
„Die Geschichte der Quedlinburger"
Grab: H – UA – 18   *Ehrengrab*

Friedrich Ludwig Georg von Raumer

Geb. 14. 05. 1781 in Wörlitz bei Dessau · Gest. 14. 06. 1873
Historiker, Professor
„Geschichte der Hohenstaufen und ihrer Zeit", 1824
„Geschichte Europas seit Ende des 15. Jh.", 8 Bde., 1832–1850
Mitglied der Frankfurter Nationalversammlung
Grab: H – UA – 32   *Ehrengrab*

Friedrich Daniel Ernst Schleiermacher

Geb. 21. 11. 1768 in Breslau · Gest. 12. 02. 1834
Evangelischer Theologe und Philosoph
Erziehung in Anstalten der Herrnhuter Brüdergemeine
1809 Prediger an der Dreifaltigkeitskirche
1810 zugleich o. Professor an der Friedrich-Wilhelms-
Universität
1811 Mitglied der Akademie der Wissenschaften
Bedeutendes Werk: „Reden über die Religion", 1799
Grab: B – OA – 118   *Ehrengrab*

Maria Seebach

Geb. 24. 02. 1829 in Riga · Gest. 03. 08. 1897
Hofschauspielerin
Gründerin der „Maria-Seebach-Stiftung"
Grab: H – MA – 2

Henrik (Heinrich) Steffens

Geb. 02. 05. 1773 in Stavanger, Norwegen · Gest. 13. 02. 1845
Philosoph, Naturforscher, Dichter und Freiheitskämpfer
03. 02. 1813 um 11 Uhr in der Universität Breslau Freiheitsrede
Selbstbiographie: „Was ich erlebte", 10 Bde., 1840–1844
Grab: C – MA – 45

Karl Friedrich Freiherr von Stein zum Altenstein

Geb. 01. 10. 1770 in Schalkhausen bei Ansbach · Gest. 14. 05. 1840
Staatsmann
1808–1810 preußischer Finanzminister
1817–1838 Minister für Kultus, Unterricht und Medizinalwesen
1825 Allgemeine Schulpflicht
Für das Schulwesen und die Universität tätig
Gründer der Universität Bonn
Grab: B – OA – 8   *Ehrengrab*

Adolf Stoecker

Geb. 11. 11. 1835 in Halberstadt · Gest. 07. 02. 1909 in Bozen-Gries
Evangelischer Theologe, Sozialpolitiker
Hof- und Domprediger
Gründer der Berliner Stadtmission
Gründung der Christlich-Sozialen Arbeiterpartei
1879–1898 Mitglied des preußischen Abgeordnetenhauses
und 1881–1893 und 1898–1908 Mitglied des Reichstags
Führer der Ultra-Konservativen
„Christlich-Soziale Reden und Aufsätze", 1885–1890
Grab: J – HA – 31

Ludwig Tieck, Pseudonym Peter Leberecht

Geb. 31. 05. 1773 in Berlin · Gest. 28. 04. 1853
 Dichter (Frühromantiker, später Biedermeier)
 Shakespeare-Übersetzungen (Fortsetzung A. W. von Schlegel)
 Volksmärchen 1797
 Übersetzung „Don Quichote" 1799–1801
Grab: B – oben – 3 – 3   *Ehrengrab*

Albert Traeger

Geb. 12. 06. 1830 in Augsburg · Gest. 26. 03. 1912
 Jurist
 Rechtsanwalt und Notar, Theaterkritiker
 1912 Alterspräsident des deutschen Reichstags
 Novellen (u. a. „Die letzte Puppe") und Gedichte
Grab: J – HA – 12

Amalie Wolff

Geb. 11. 12. 1783 in Leipzig · Gest. 18. 08. 1851
 Schauspielerin
 Proben mit Schiller für die Rolle der „Johanna" in der
 „Jungfrau von Orleans"
Grab: D – HA – 35   *Ehrengrab*

Kirchhof II der Dreifaltigkeitsgemeinde
Bergmannstraße 39–41, Jüterboger Straße 5

Friedrich (Fritz) Albrecht

Geb. 29. 06. 1815 in Königsberg · Gest. 02. 06. 1881
 Diplomat und Politiker
 1862–1878 preußischer Minister für Inneres
 Verwaltungsreformen
Grab: VI – 5 – 18/22

Martin Blumner

Geb. 21. 11. 1827 in Fürstenberg, Mecklenburg · Gest. 16. 11. 1901
  Komponist, Professor
  1853 Vize-Dirigent der Singakademie zu Berlin
  1876 Dirigent (zeitweilig auch der Berliner Liedertafel)
  Kirchenkompositionen
Grab: VI – UA – 5

Botho Graf zu Eulenburg

Geb. 31. 07. 1831 in Wicken, Krs. Friedland · Gest. 05. 11. 1912
  Verwaltungsjurist und Politiker
  Dechent des Domstifts Brandenburg a. d. Havel
  1878–1881 preußischer Minister des Inneren
  1892–1894 preußischer Ministerpräsident
  Maßgeblicher Einfluß auf die Ausarbeitung des
  Sozialistengesetzes
Grab: VI – 5 – 18/22

Moritz Fürbringer

Geb. 03. 08. 1802 in Gera/Reuss · Gest. 04. 04. 1874
  Pädagoge, Hilfsgeistlicher
  1841 Superintendent
  1873 Stadtältester
Grab: MJS – 6 – 10   *Ehrengrab*

Johann David Heegewaldt

Geb. 15. 06. 1773 · Gest. 18. 04. 1850
  Geheimer Hofrat
  1844 Ehrenbürger von Berlin
Grab: VII – Mauer – UA – 2   *Ehrengrab*

Fanny Cäcilie Hensel, geb. Mendelssohn-Bartholdy

Geb. 14. 11. 1805 in Hamburg · Gest. 14. 05. 1847
  Komponistin
  Schwester von Felix Mendelssohn-Bartholdy
  Verheiratet mit dem Maler Wilhelm Hensel   *Ehrengrab*

Felix Ludwig **Sebastian Hensel**

Geb. 18. 06. 1830 in Berlin · Gest. 13. 01. 1898
  Schriftsteller
  „Die Geschwister der Familie Mendelssohn"
  Hauptarbeit: 47 Klebebände mit Zeichnungen von
  Wilhelm Hensel   *Ehrengrab*

Wilhelm Hensel

Geb. 06. 07. 1794 in Trebbin, Krs. Zossen · Gest. 26. 11. 1861
  Maler, Zeichner, Professor
  Porträts lebender Persönlichkeiten   *Ehrengrab*

Eugen Hildach

Geb. 20. 11. 1849 in Wittenberg, Elbe · Gest. 29. 07. 1924
  Konzertsänger (Bariton) und Komponist, Professor
  Lieder
Grab: B – Oberallee – Erbb.

Carl Gustav Jacob Jacobi

Geb. 10. 12. 1804 in Potsdam · Gest. 18. 02. 1851
  Mathematiker
  Beiträge zur Lösung partieller Differentialgleichungen
  1842 Friedensklasse des „Pour le mérite"   *Ehrengrab*

Abraham Ernst Mendelssohn-Bartholdy

Geb. 11. 12. 1772 · Gest. 19. 11. 1835
  Bankier
  1835 Ältester
  Sohn von Moses Mendelssohn
  Vater von Felix Mendelssohn-Bartholdy   *Ehrengrab*

August Eduard Felix Mendelssohn-Bartholdy

Geb. 01. 05. 1843 in Leipzig · Gest. 16. 02. 1951
  Sohn Jakob Ludwig Felix'   *Ehrengrab*

Jakob Ludwig **Felix Mendelssohn-Bartholdy**

Geb. 03. 02. 1809 in Hamburg · Gest. 04. 11. 1847 in Dresden
Komponist
1829 Erste Wiederaufführung der „Matthäus Passion"
seit Bachs Tod unter seiner Leitung
1833–1835 Städt. Musikdirektor Düsseldorf
1836 Gewandhaus · Kapellmeister
1842 „Pour le mérite" der Friedensklasse
1842 preußischer Generalmusikdirektor
„Oratorium Elias" 1846, „Sommernachtstraum" (Ouvertüre)
Grab: VI – 6 – 7   *Ehrengrab*

Felicia Lea Pauline Mendelssohn-Bartholdy, geb. Salomon

Geb. 26. 03. 1777 · Gest. 12. 12. 1842
Mutter von Felix Mendelssohn-Bartholdy
Gräber: VI – 1 – 5/6

Gemeinsam umrahmt: Abtlg. VI – 6
Felix Ludwig Sebastian Hensel
Felicia Henriette Pauline Mendelssohn-Bartholdy
August Eduard Felix Mendelssohn-Bartholdy
Jakob Ludwig Felix Mendelssohn-Bartholdy
Fanny Cäcilie Hensel geb. Mendelssohn-Bartholdy
Wilhelm Hensel

Ernst Benjamin Salomon **Raupach**

Geb. 27. 05. 1784 in Straupitz bei Liegnitz · Gest. 18. 03. 1852
Schriftsteller und Dramatiker
117 Dramen
1816 o. Prof. an der Friedrich-Wilhelms-Universität für
Geschichte und Literatur
Grab: VII – HA – 16

Georg Andreas Reimer

Geb. 27. 08. 1776 in Greifswald · Gest. 26. 08. 1842
    Buchhändler und Verleger
    (besonders der deutschen Romantiker)
    1897 ging sein Verlag an W. d. Gruyter
Grab: B – QA – 48/51   *Ehrengrab*

Heinrich von Stephan

Geb. 07. 01. 1831 in Stolp, Pommern · Gest. 08. 04. 1897
    Organisator des deutschen Postwesens
    1870 Generalpostmeister des Norddeutschen Bundes,
    später des Deutschen Reiches, Einführung der Postkarte
    1874 Gründung des ,,Weltpostvereins"
    1877 Beginn des Fernsprechverkehrs
    1895 Staatsminister
    Buch: ,,Weltpost – Luftschiffahrt", 1895
Grab: VII – SA – 10   *Ehrengrab*

Karl August Varnhagen von Ense

Geb. 21. 02. 1785 in Düsseldorf · Gest. 10. 10. 1858
    Diplomat, Schriftsteller, Literaturkritiker
    ,,Biographische Denkmale" (5 Bde., 1824–1830)
Grab: VII – 1 – 38

Rahel Friederike **Varnhagen von Ense,** geb. Levin

Geb. 26. 05. 1771 in Berlin · Gest. 07. 03. 1833
    Schauspielerin
    Verheiratet mit Karl August Varnhagen von Ense
    In ihrem Salon verkehrten die führenden Geister ihrer Zeit
Grab: VII 2 – 39   *Ehrengrab*

Kirchhof I der Jerusalems-Gemeinde und der Neuen Kirchen-Gemeinde

Blücher-/Zossener Straße

Ludwig Aschhoff

Geb. 10. 01. 1866 in Berlin · Gest. 24. 06. 1942 in Freiburg i. Br.
    Mediziner
    Erforscher des „Reizleitungssystems" des Herzens
    Aufstellung der Lehre vom „retikuloendothelialen System"
Grab: Abtlg. 3/1 – 3 – 16

Arthur von Auwers

Geb. 12. 09. 1838 in Göttingen · Gest. 28. 01. 1915
    Astronom, Professor
    „Neue Reduktion der Brandleyschen Beobachtungen",
    1850–1862
Grab: Abtlg. 3/1 – 1 – 8/9

Friedrich Wilhelm Georg Büxenstein

Geb. 13. 02. 1857 in Berlin · Gest. 12. 07. 1924
    Geheimer Kommerzienrat
    Druckereibesitzer
    Mitbegründer des Berliner Ruderclubs und Ruderverbandes
Grab: Abtlg. 1/1 – Erbb.   *Ehrengrab*

Robert Dohme

Geb. 17. 06. 1845 in Berlin · Gest. 08. 11. 1893 in Konstanz
    Kunsthistoriker, Professor
    „Barock- und Rokokoarchitektur", 3 Mappen, 1884–1891
Grab: Abtlg. 3/1 – Erbb.   *Ehrengrab*

Franz Günter Duncker

Geb. 04. 06. 1822 in Berlin · Gest. 18. 06. 1888
 Buchhändler und Zeitungsverleger („Volkszeitung";
 Erste „Leitartikel" und Wetterberichte in einer Zeitung)
 Liberaler Politiker und Gewerkschaftsführer
 1861 Mitbegründer der „Deutschen Fortschritts-Partei" sowie
 (mit Max Hirsch) der Hirsch-Dunckerschen Gewerbevereine
 Seit 1865 stand er an der Spitze der Berliner Handwerksvereine
Grab: Abtlg. 2/1 – 7 – 34

Ehrengrab

Christian Friedrich Carl Fasch

Geb. 18. 11. 1736 in Zerbst · Gest. 03. 08. 1800
 Kirchenmusiker und Komponist
 1791 Begründer der Singakademie zu Berlin
Grab: Abtlg. 1/1 – Kd. Erbb.

Ehrengrab

Franz Freiherr von Gaudy

Geb. 19. 04. 1800 in Frankfurt (Oder) · Gest. 05. 02. 1840
 Dichter, Lyriker und Erzähler
 Erzählung: „Tagebuch eines wandernden Schneidergesellen",
 1836
Grab: Abtlg. 2/3 – 3 – 8/9

Friedrich Gustav Gauß

Geb. 20. 06. 1829 in Bielefeld · Gest. 26. 06. 1915
 Mathematiker
 Wirklicher Geheimer Oberfinanzrat und Vortragender Rat im
 Finanzministerium
 Gründer und Organisator des preußischen Katasteramtes
Grab: Abtlg. 2/2 – 7 – 24/25

Ehrengrab

Wilhelm Kahl

Geb. 17. 06. 1849 in Kleinheubach bei Miltenberg, Unterfranken ·
Gest. 14. 05. 1932
Rechtsgelehrter,
Politiker (Deutsche Volkspartei)
o. Professor für Kirchen-, Staats- und Strafrecht
1919/1920 bis 1932 Reichstagsabgeordneter
Mitglied der Weimarer Nationalversammlung
Mitherausgeber „Deutsche Justizzeitung"
Grab: Abtlg. 3/1 – 2 – 22/23   *Ehrengrab*

Hans Georg Wenzeslaus von Knobelsdorff

Geb. 17. 02. 1699 in Kuckädel bei Crossen · Gest. 16. 09. 1753
Baumeister
1740 Oberintendant der kgl. Schlösser und Gärten
Sanssouci, 1745–1747
Kgl. Oper, Unter den Linden, 1741–1743
Knobelsdorff-Flügel Schloß Charlottenburg, 1740–1743
„Fridericianisches Rokoko"
Erinnerungsdenkmal: Abtlg. 1/1 – Hauptweg   *Ehrenstelle*

Johann Carl Wilhelm Moehsen

Geb. 09. 05. 1722 in Berlin · Gest. 22. 09. 1795
Hofrat
Professor der Arzneigelehrtheit
Leibarzt Friedrich des Großen
Ordentlicher Arzt der Ritterakademie
Grab: Abtlg. 3/1 – Erbb.

August Wilhelm **Neander** (urspr. David Mendel, 1806 getauft)

Geb. 17. 01. 1789 in Göttingen · Gest. 14. 07. 1850
Evangelischer Theologe

o. Professor für Kirchengeschichte
"Allgemeine Geschichte der christlichen Religion und Kirche",
6 Bde., 1825
Grabdenkmal – 1/1 – Hauptweg   *Ehrenstelle*

Petrus Simon Pallas

Geb. 22. 09. 1741 in Berlin · Gest. 08. 09. 1811
    Naturforscher
    Arzt
    Leiter von Expeditionen nach Rußland im Auftrag Katharina II.
    1768–1774 russ. Asien
    1793–1794 Südrußland, Krim
    Zahlreiche wissenschaftliche Abhandlungen und Reiseberichte
Grabdenkmal – 1/1 – Hauptweg   *Ehrenstelle*

Antoine Pesne

Geb. 23. 05. 1683 in Paris · Gest. 05. 08. 1757
    Französischer Maler
    1710 von Friedrich I. nach Berlin berufen
    Hofmaler und Direktor der Akademie der Künste
    Allegorische Wand- und Deckengemälde
Erinnerungsdenkmal: Abtlg. 1/1 – Hauptweg   *Ehrenstelle*

Paul Taglion

Geb. 12. 01. 1808 in Wien · Gest. 08. 01. 1884
    Ballettdirektor
    1829 nach Berlin berufen
Grab: Abtlg. 2/2 – 11 – 21

Carl Gottfried **Wilhelm Taubert**

Geb. 23. 03. 1811 in Berlin · Gest. 07. 01. 1891

Komponist, Professor
1831–1869 Opern- und Hofkapellmeister
Opern und Schauspielmusiken
Grab: Abtlg. 3/1 – 1 – 25

Hugo Ziegra

Geb. 25. 03. 1852 in Stettin · Gest. 28. 12. 1926
1918 Generaldirektor der Kindl-Brauerei
1924 Stadtältester
Grab: Abtlg. 3/4 – Erbb.   *Ehrengrab*

Kirchhof II der Jerusalems-Gemeinde und der Neuen Kirchen-Gemeinde
Baruther Straße/Zossener Straße

Carl W.I. Bennewitz von Loefen d. Ä.

Geb. 15. 11. 1826 in Thorn · Gest. 31. 08. 1895
Landschaftsmaler
Grab: Abtlg. 1/1 – 4 – 1

Max Georg Friedrich von Beseler

Geb. 22. 09. 1841 in Rostock · Gest. 24. 07. 1921
Jurist
Exzellenz
Staats- und Justizminister
Grab: 4/3

56

Johann Franz Encke

Geb. 23. 09. 1791 in Hamburg · Gest. 28. 08. 1865
   Astronom, Professor
   1825–1865 Erster Direktor der Berliner Sternwarte
   (Enckescher Komet)
Grab: Abtlg. 2/2 – 1 – 1   *Ehrengrab*

David Karl Friedrich Gilly

Geb. 07. 01. 1748 in Schwedt (Oder) · Gest. 05. 05. 1808
   Architekt
   preußischer Baudirektor
   Mitbegründer der Bauakademie
   Vertreter des Vorklassizismus
   Schlösser in Freienwalde, Paretz u. a.
Grab: Abtlg. 3/2 – Erbb.   *Ehrengrab*

Albrecht von Graefe

Geb. 22. 05. 1828 in Finkenheerd b. Frankfurt (Oder) · Gest.
20. 07. 1870
   Augenarzt, Professor
   Erforschung der Zusammenhänge zwischen Augenkrankheiten,
   Gehirn- und Allgemeinkrankheiten
   Sohn von Carl Ferdinand von Graefe
Grab: Abtlg. 1/1 – Erbb.   *Ehrengrab*

Carl Ferdinand von Graefe

Geb. 08. 03. 1787 in Warschau · Gest. 04. 07. 1840
   Chirurg und Augenarzt, Professor
   Einführung des Augenspiegels (H. F. L. Helmholtz)
Grab: Abtlg. 1/2 – Erbb.   *Ehrengrab*

Heinrich Dietrich von Grolmann

Geb. 30. 07. 1740 in Bochum · Gest. 21. 10. 1840
   Jurist

Präsident des Geheimen Obertribunals
1817 Mitglied des Staatsrats
Maßgebl. Mitgestalter des Preußischen Landrechts
Grab: Abtlg. 1/1 – 4 – 7

Wilhelm Heinrich von Grolmann

Geb. 28. 02. 1781 in Berlin · Gest. 01. 01. 1856
Jurist
Mitkämpfer der Berliner Freischar im Freiheitskrieg
Kammergerichts-Vizepräsident
Grab: Abtlg. 1/1 – 4 – 8

Ernst Ludwig Heim

Geb. 22. 07. 1747 in Solz, Kl. Rodenburg, Thüringen · Gest.
15. 09. 1834
Arzt, Hofrat
Stadt- und Landphysikus in Spandau
Grab: Abtlg. 3/1 – Erbb.   *Ehrengrab*

Friedrich A. H. Herbig

Geb. 1787 in Potsdam · Gest. 1861
Buchhändler und Verleger
Vizepräsident der Königlichen Akademie der Künste
1821 Gründer der Verlagsbuchhandlung Herbig in Berlin
Grab: Abtlg. 1/2 – 5 – 18/19   *Ehrengrab*

Henriette Julie Herz, geb. de Lemos

Geb. 05. 09. 1764 in Berlin · Gest. 22. 10. 1847
Literatin
Ihr Salon war berühmt
Mitbegründerin des „Tugendbundes", die „tragische Muse"
Verheiratet mit dem Arzt und Philosophen Marcus Herz
Grab: Abtlg. 1/2 – 3 – 9/10   *Ehrengrab*

58

August Wilhelm Iffland

Geb. 19. 04. 1759 in Hannover · Gest. 22. 09. 1814
Schauspieler, Theaterdirektor und Bühnendichter
1777 Hoftheater Gotha
1779 von Mannheim (der erste Franz Moor) an das Berliner
Nationaltheater am Gendarmenmarkt
1796 Direktor, 1811 Generaldirektor der kgl. Schauspiele
65 Theaterstücke
Iffland-Ring
Grab: Abtlg. 3/1 − Erbb.   *Ehrengrab*

Heinrich Wilhelm Krausnick

Geb. 30. 03. 1797 in Potsdam · Gest. 14. 12. 1882
1834−1848 Oberbürgermeister von Berlin und 1850−1862
Während seiner Amtszeit in Berlin öffentliche Parks,
Straßenbeleuchtung und Gasanstalten
1849 Ältester
Grab: Abtlg. 3/1 − Erbb.   *Ehrengrab*

Samuel Marot

Geb. 11. 12. 1770 in Magdeburg · Gest. 12. 10. 1865
Pfarrer an der Neuen Kirche
Oberkonsistorialrat
Ehrenbürger der Stadt Berlin
Grab: Abtlg. 3/1 − Erbb.   *Ehrengrab*

Bernhard Naunyn

Geb. 02. 09. 1839 in Berlin · Gest. 27. 07. 1925 in Baden-Baden
Arzt, Internist, Professor
Gallenstein- und Zuckererkrankungen,
Krebsforschung
,,Klinik der Cholelithiasis", 1892
Grab: Abtlg. 2/2 − Erbb.   *Ehrengrab*

Franz Christian Naunyn

Geb. 29. 09. 1799 · Gest. 30. 04. 1860
Regierungsrat
Bürgermeister von Berlin
1841–1846 Leitung der Aufteilung des Köpenicker Feldes
Vater von Bernhard Naunyn
Grab: Abtlg. 2/2 – Erbb.

Herrmann Freiherr von Soden

Geb. 16. 08. 1852 in Cincinnati, USA · Gest. 15. 01. 1914 verunglückt
Theologe, Professor
1881 Prediger in der Jerusalems-Kirche (reform.)
Forschungen zu den ältesten Textgestalten und
Textgeschichten des Neuen Testaments
Bücher u. a. „Die Schriften des Neuen Testaments in ihrer
ältesten erreichbaren Textgestalt", 1902–1913
Grab: Abtlg. 2/2 – 1 – 16

Karl Leopold Adolf Sydow

Geb. 23. 11. 1800 in Berlin · Gest. 23. 10. 1882
Prediger, D.
1836 Hof- und Garnisonsprediger
1846–1882 Prediger an der Neuen Kirche
Vater von O. F. Sydow, Bürgermeister von Charlottenburg
Grab: Abtlg. 3/2 – 3 – 27

Friedrich Ludwig Unzelmann

Geb. 12. 1797 in Berlin · Gest. 29. 08. 1854 in Wien
Holzschneider
Begründer des modernen Holzschnittes
Faksimileholzschnitte nach Zeichnungen von Adolph von
Menzel für das Buch: „Friedrich der Große" von Franz Kugler
Grab: 3/1 – Erbb.   *Ehrengrab*

Friedrich Robert Wilms

Geb. 09. 09. 1824 in Arnswalde · Gest. 24. 09. 1880
    Chirurg, Professor
    Geheimer Medizinalrat
    1862 Chefarzt im Krankenhaus Bethanien in Berlin
    Luftröhrenschnitt bei Diphtherie
    Schule für Chirurgen
Grab: 1/1 – 5 – Erbb.

Kirchhof III der Jerusalems-Gemeinde und der Neuen Kirchen-Gemeinde
Mehringdamm 21

Heinrich Barth

Geb. 16. 02. 1821 in Hamburg · Gest. 25. 11. 1865
    Afrikaforscher und Geograph
    „Reisen und Entdeckungen in Nord- und Zentralafrika", 5 Bde.,
    1855–1858
Grab: Abtlg. 2/2 – 2 – 14/15   *Ehrengrab*

Adelbert von Chamisso, Louis Charles Adelaide de Chamisso de Boncourt

Geb. 30. 01. 1781 in Schloß Boncourt, Champagne, Frankreich ·
Gest. 21. 08. 1838
    Schriftsteller und Naturforscher, Kustos am Botanischen Garten
    „Peter Schlemihls wundersame Geschichte", 1814
Grab: Abtlg. 3/1 – 38 – 1   *Ehrengrab*

Theodor Döring

Geb. 09. 01. 1803 in Warschau · Gest. 17. 08. 1878
    Schauspieler
    Große Erfolge im Schauspielhaus am Gendarmenmarkt
    Träger des „Iffland-Ringes"
Grab: Abtlg. 3/2 – 19 – 14

Friedrich August Garcke

Geb. 25. 10. 1819 in Bräunrode bei Mansfeld · Gest. 10. 01. 1904
  Botaniker und Pharmazeut
Grab: Abtlg. 1/1 – 4 – 7   *Ehrengrab*

Adolf Glaßbrenner, Pseudonym Brennglas

Geb. 27. 03. 1810 in Berlin · Gest. 25. 09. 1876
  Journalist und Schriftsteller, Zeitkritiker
  Begründer der humor.-satir. Berliner Volksliteratur
  „Leben und Treiben der feinen Welt", 1834
  „Verbotene Lieder", 1843
  „Berlin, wie es ist – und trinkt", 30 Hefte, 1832–1849
  „Neuer Reinecke Fuchs", 1846 u. a., auch viele Kinderbücher
Grab: Abtlg. 1/2 – 17 – 20/21   *Ehrengrab*

Carl Hirsekorn

Geb. 12. 12. 1852 in Berlin · Gest. 01. 10. 1940
  Geheimer Regierungsrat
  1894 Stadtrat
  1904 Stadtsyndikus
  1924 Stadtältester
Grab: 3/2 – Erbb.   *Ehrengrab*

Ernst Theodor (Amadeus) Wilhelm Hoffmann

Geb. 24. 01. 1776 in Königsberg, Ostpreußen · Gest. 25. 06. 1822
  Dichter, Komponist, Zeichner, Maler, Jurist
  1808 Theaterkapellmeister in Bamberg
  1816 Kammergerichtsrat in Berlin
  Erzählungen „Das Fräulein von Scydery", „Der Goldene Topf",
  „Kater Murr", „Die Elexiere des Teufels", u. a.
  Oper: „Undine"
Grab: Abtlg. 1/1 – 32 – 6   *Ehrengrab*

Carl Friedrich Hollmann

Geb. 31. 12. 1776 in Uetz · Gest. 27. 05. 1858
Lebenswerk: Unterstützung armer und blinder Kinder
Hauptwerk ,,Wilhelmine-Amalien-Stiftung"
1848 Stadtältester
Grab: Abtlg. 3/1 – 15 – 4/5   *Ehrengrab*

Carl Ferdinand Langhans

Geb. 14. 01. 1782 in Breslau · Gest. 22. 11. 1869
Baumeister, Theaterarchitekt (Breslau, Stettin, Dessau, Leipzig)
Oberbaurat
Bauwerk: Palais Wilhelm I.
Sohn von J. G. Langhans
Grab: Abtlg. 2/2 – 12 – 16

Adolph L'Arronge (A. Aaron)

Geb. 08. 03. 1838 in Hamburg · Gest. 25. 05. 1908 in Kreuzlingen bei
Konstanz
Schriftsteller, Theaterdirektor, Kapellmeister
Lustspiele und Lokalpossen
1866 Leiter der Kroll-Oper
1869–1872 Redakteur der Gerichts-Zeitung
1883–1894 Mitbegründer des ,,Friedrich-Wilhelm-Städtischen
Theaters" und dessen erster Direktor
,,Mein Leopold", 1893
Grab: Abtlg. 2/2 – 8 – 8/7

Wilhelm Adolf Lette

Geb. 10. 05. 1799 in Kienitz, Krs. Soldin · Gest. 03. 12. 1868
Geheimrat
1844 Mitglied des Staatsrates
1845 Präsident des Revisions-Collegiums für Landeskultursa-
chen

1865 Gründer des „Vereins zur Förderung der Erwerbsfähigkeit
des weiblichen Geschlechtes", 1866, und Errichtung einer
entsprechenden Ausbildungsschule (später: Lette-Verein)
1867 Mitglied des Reichstages
Schrift: „Die Verteilung des Grundeigentums", 1858
Grab: Abtlg. 2/2 – Erbb.   *Ehrengrab*

Ernst Christian Friedrich Schering

Geb. 31. 05. 1824 in Prenzlau, Uckerm. · Gest. 27. 12. 1889
Kommerzienrat
1864 Gründung einer Chemisch-pharmazeutischen Fabrik
(heute: Schering AG)
1871 Chemische Fabrik auf Aktien (vormals E. Schering)
Grab: Abtlg. 4/3 – Erbb.

Carl von Siemens

Geb. 03. 03. 1829 in Menzendorf · Gest. 21. 03. 1906
Industrieller, Senator h. c.
Er gründete in St. Petersburg die russische Zweigniederlassung
der Siemens AG.
Grab: Abtlg. 2/2 – Erbb.

Eduard Martin Simson

Geb. 10. 11. 1810 in Königsberg, Ostpreußen · Gest. 02. 05. 1899
Jurist und Politiker
1848–1849 Mitglied der Frankfurter Nationalversammlung und
1849 deren Präsident
Führer der Delegation zu König Friedrich Wilhelm IV. von
Preußen, um diesem die deutsche Kaiserkrone anzutragen.
1871 Präsident des Landtages des Norddeutschen Bundes;
In dieser Eigenschaft trug er Wilhelm I. die deutsche Kaiserkrone
an.
1879–1891 erster Präsident des Reichsgerichts
Grab: Abtlg. 4/3 – 1 – Erbb.

Clara von Simson

Geb. 22. 10. 1897 · Gest. 18. 10. 1983
 Urenkelin von E. v. Simson
 1945 Mitglied FDP
 1952−58 Direktorin Lette-Verein-Schulen
 Präsidium Friedr.-Naumann Stiftung
 1973 Stadtälteste
Grab: Abtlg. 4/3 − 1 − Erbb.

Willy Stöwer

Geb. 22. 05. 1864 in Wolgast · Gest. 31. 05. 1931
 Marinemaler, Professor
 „Kaiser Wilhelm II."
Grab: Abtlg. 2/2 − 6 − 12

Ferdinand Carl Felix Alexander von Strantz

Geb. 03. 07. 1821 in Breslau · Gest. 25. 10. 1909
 See-Leutnant a. D.
 Schauspieler
 1876−1887 Direktor der Königlichen Oper von Berlin
 Ehefrau Anna, gest. 1929,
 Modell für die „Germania" auf der Briefmarke
 „Erinnerungen aus meinem Leben"
Grab: Abtlg. 3/2 − 13/14

Carl Tausig

Geb. 04. 11. 1841 in Warschau · Gest. 17. 07. 1871 in Leipzig
 Kgl. Hof-Pianist
 1855−1859 Schüler von Franz Liszt
Grab: Abtlg. 3/2 − Denkmal am Hauptweg

Adolf Wagner

Geb. 25. 03. 1835 in Erlangen · Gest. 08. 11. 1917
  Volkswirtschaftler
  1882–1885 im Preußischen Abgeordnetenhaus
  (Christl.-Sozialer), später im Herrenhaus (1910)
  Vertreter der deutschen ,,katholisch-sozialistischen" Richtung
  ,,Grundlegung der politischen Ökonomie", 3 Bde., 1876
Grab: Abtlg. 1/1 – 8 – 5

Kirchhof IV der Jerusalems-Gemeinde und der Neuen Kirchen-Gemeinde
Bergmannstraße 45–47

Charlotte Birch-Pfeiffer (Karoline)

Geb. 23. 06. 1800 in Stuttgart · Gest. 24. 08. 1868
  1844 Hofschauspielerin
  Schriftstellerin: bühnenwirksame ,,Rührstücke"
  Dramatisierung beliebter Romane und Erzählungen
  ,,Schloß Grafenstein", ,,Der Glöckner von Notre Dame"
  Ges. dramat. Werke in 23 Bänden
Grab: Abtlg. 2 – Wahlreihe

Karl Fichert, ,,Spitze-Karle"

Geb. 04. 05. 1902 · Gest. 22. 10. 1982
  Musiklehrer und Alleinunterhalter, Berliner Original
Grab: Abtlg. 5 – 16 – 5

Kurd von Schlözer

Geb. 05. 01. 1822 in Lübeck · Gest. 13. 05. 1894
  Wirklicher Geheimrat, Diplomat und Geschichtsschreiber
  1871 Gesandter in Washington
  1882 Gesandter beim päpstl. Stuhl
  Vertrauter Bismarcks, beendete den Kulturkampf
Grab: Abtlg. 5 – Erbb.   *Ehrengrab*

Kirchhof II der Friedrichwerderschen Gemeinde

Bergmannstraße 42–44

Johann Friedrich Dieffenbach

Geb. 01. 02. 1794 in Königsberg · Gest. 11. 11. 1847 in der Charité
Chirurg
Geheimer Medizinalrat, Professor
Mitbegründer der modernen plastischen Chirurgie
Schriften u. a.: ,,Über das Schielen", ,,Die Heilung des Stotterns"
Grab: Mausoleum   *Ehrengrab*

Eduard August Grell

Geb. 06. 11. 1800 in Berlin · Gest. 10. 08. 1886
Komponist (Chormusik), Professor
Direktor der Singakademie, 1857
Grab: Hauptweg 1 – 1   *Ehrengrab*

Ernst Viktor von Leyden

Geb. 20. 04. 1832 in Danzig · Gest. 05. 10. 1910
Mediziner (Internist) in Königsberg, Straßburg, Berlin, Professor
Begründer der Heilstättenbewegung zur
Tuberkulosebekämpfung
1903 Leiter eines Krebsforschungsinstitutes
Schriften: ,,Reflexlähmungen", ,,Pathologie des Herzens", u. a.
Grab: Hauptweg 76 – 77   *Ehrengrab*

Moritz Heinrich Romberg

Geb. 13. 11. 1795 in Meiningen · Gest. 16. 06. 1873
Neuropathologe
Geheimer Medizinalrat, Professor
Begründer der wissenschaftlichen Bekämpfung von
Nervenkrankheiten
Buch: ,,Lehrbuch der Nervenkrankheiten", 1840–1846
Grab: Hauptweg 22/23   *Ehrengrab*

Hermann Weigand

Geb. 02. 02. 1854 in Bromberg · Gest. 16. 10. 1926
   Regierungsbaumeister
   Entwicklung der Kanalisation, Mitarbeiter von J. Hobrecht
   1825 Geheimer Baurat
   1899 Stadtrat
   1924 Stadtältester
Grab: HW – 90 – 92   *Ehrengrab*

Kirchhof der Böhmisch-Lutherischen Bethlehems-Gemeinde
Am Blücherplatz, Eingang Zossener Straße

Otto von Glasenapp

Geb. 30. 09. 1853 in Schiwelbein, Krs. Belgard (Personte) · Gest. 03. 03. 1928
   Jurist, Wirklicher Geheimer Rat
   Ministerialbeamter
   Reichsbank-Vizepräsident
Grab: Abtlg. IV – 735 – 736

Johannes Evangelista Gossner

Geb. 14. 12. 1773 in Hausen b. Günzburg · Gest. 20. 03. 1858
   Theologe
   1796 Priester
   1826 Übertrtitt zur ev. Kirche
   Gründer einer Kinderbewahrungsanstalt des Elisabeth-Krankenhauses und Missionsgesellschaft (heute Goßnersche Mission)
   Hauptwerk: ,,Das Herz der Menschen, ein Tempel Gottes oder eine Werkstätte Satans", 1812
Grab: Abtlg. III – Erbb. an der Mauer

68

Alter Luisenstadt-Kirchhof I
Südstern 8–12

Hans J. Brendicke

Geb. 19. 11. 1850 in Berlin · Gest. 04. 08. 1925
Pädagoge, Philosoph und Heimatforscher
Führungen durch Berlin
,,Nante, Ballade des Eckenstehers"
Grab: XI – 17 – 36   *Ehrengrab*

Hans Chemin-Petit

Geb. 24. 07. 1902 · Gest. 12. 04. 1981
Komponist, Dirigent, Hochschullehrer
Leiter des Philharmonischen Chores Berlin 1946–1981
1979 Ernst Reuter Plakette
Grab: XXVI – 4 – 24

Ernst Carl Fidicin

Geb. 27. 04. 1802 in Potsdam · Gest. 19. 12. 1883
Historiker und Stadtarchivar
Grab: II – 18 – 2   *Ehrengrab*

Heinrich Hedemann

Geb. 18. 08. 1800 in Berlin · Gest. 24. 03. 1872
Geheimer Regierungsrat
Bürgermeister von Berlin
Grab: P. – Erbb. 24   *Ehrengrab*

Albert Klatt

Geb. 24. 10. 1892 in Berlin · Gest. 26. 10. 1970
Maler
1948–1957 Professor an der Hochschule für bildende Künste,
Berlin
Aquarelle: ,,Flutzeit", ,,Blaue Wolken"
Grab: A II – 3 – 41/42   *Ehrengrab*

Heinrich Friedrich Eduard Kochhann

Geb. 11. 05. 1805 in Berlin · Gest. 11. 02. 1890
   Stadtverordnetenvorsteher
   Verdienste durch Stadtbildpflege
   Ehrenbürger von Berlin
Grab: Erbb. 85   *Ehrengrab*

Gottfried Wilhelm Lehmann

Geb. 23. 10. 1799 in Hamburg · Gest. 21. 02. 1882
   Sattler und später, in Berlin, Kupferstecher
   und Lithograph
   1837 wiedergetauft
   Gründer der ersten Baptistengemeinde in Berlin
Grab: IX – 9 – 7   *Ehrengrab*

Gottlieb Mattes

Geb. 12. 12. 1846 · Gest. 09. 03. 1897
   Prediger
   Ältester der ersten Baptistengemeinde
Denkmalstein: neben Grab G. W. Lehmann

Heinrich Runge

Geb. 15. 12. 1817 in Zehdenick, Uckerm. · Gest. 26. 11. 1886
   Stadtrat
   Stadtkämmerer
Grab: Erbb. 97   *Ehrengrab*

Martin Günther Sarneck

Geb. 30. 10. 1888 in Berlin · Gest. 06. 04. 1964
   Schauspieler
   Regisseur und Theaterarchivbesitzer
Grab: II – 11 – 11

August Scherl

Geb. 24. 07. 1849 in Düsseldorf · Gest. 18. 04. 1921
 1883 Gründung der Zeitung ,,Berliner Lokal-Anzeiger'', erster
 deutscher Generalanzeiger
 1899 Illustrierte ,,Die Woche''
 1900 ,,Der Tag''
 Ab 1900 Verlag August Scherl GmbH
Grab: X a – 14 – 21/23

Franz Ludwig Späth

Geb. 25. 02. 1839 in Berlin · Gest. 02. 02. 1913
 Königlicher Ökonomischer Rat
 Inhaber der größten Baumschule Deutschlands
Grab: Erbb. 55

Gustav Stresemann

Geb. 10. 05. 1878 in Berlin · Gest. 03. 10. 1929
 Einer der bedeutendsten Politiker der Weimarer Zeit
 1923 August–November Reichskanzler
 1923–1929 Außenminister
 1924 Annahme des Dawesplans
 1926 Eintritt Deutschlands in den Völkerbund
 1926 Friedensnobelpreis gemeinsam mit dem französischen
 Außenminister Briand.
Grab: Erbb. am Glockenturm   *Ehrengrab*
 (Denkmal von Prof. Lederer)

Johannes Stumm

Geb. 27. 03. 1897 in Berlin · Gest. 25. 12. 1978
 Polizeipräsident
 Aufbau der Berliner Polizei nach dem Zweiten Weltkrieg
 (1948–1962)
 1977 Ernst Reuter Plakette
Grab: XXIII – 17 – 21

Bezirk Neukölln

Kirchhof V der Jerusalems-Gemeinde und der Neuen Kirchen-Gemeinde
Hermannstraße 84–90

Wilfried Krüger

Geb. 26. 01. 1903 in Berlin · Gest. 03. 02. 1970
  Kapellmeister mit populärer Kapelle
Grab: Abtlg. 7 – 3 – 1/2

Kirchhof der Emmaus-Gemeinde
Hermannstraße 129–137

Walter Brommer

Geb. 02. 04. 1885 in Berlin · Gest. 30. 03. 1943
  Komponist
  Operette: ,,Mascottchen''
  Chanson: ,,Es gibt im Leben manchesmal Momente''
Grab: Gartenst. I – 22 lk. Hauptweg

Kirchhof der St. Thomas-Gemeinde
Hermannstraße 179–185

Reinhold Franz Habisch

Geb. 08. 01. 1889 in Berlin · Gest. 07. 01. 1964
  Berliner Original (,,Krücke'') besonders beim
  Sechstagerennen im Sportpalast
Grab: Kirchengitter 1 – 59/60

Wilhelm Wagner

Geb. 11. 02. 1838 in Schlottenheim · Gest. 05. 06. 1923
1895 Stadtrat
Vorsitzender der Deputation für die Feuersozietät und das Kanalisationswerk.
1918 Stadtältester
Grab: Erbb. Hecke – 2 – 1–2   *Ehrengrab*

Robert Zeller

Geb. 18. 09. 1829 in Berlin · Gest. 24. 01. 1901
1892–1898 Oberbürgermeister von Berlin
Grab: Kirchengitter 1   *Ehrengrab*

Kirchhof der St. Michael-Gemeinde (Kath.)
Hermannstraße 191–195

Alfred Rojek

Geb. 20. 09. 1917 in Boguschawitz/Oberschlesien · Gest. 12. 12 1975
Jurist, Kommunalpolitiker (CDU)
Bezirksstadtrat
1926 Tätigkeit in der „Christlich-Deutschen Volkspartei"
1967 Stadtältester
Grab: Abtlg. 1 a – 31   *Ehrengrab*

Richard Schönborn

Geb. 13. 02. 1878 in Berlin · Gest. 03. 03. 1957
1898 Mitbegründer des „Windhorstbundes"
1905 Mitglied der SPD und Reichstagsabgeordneter
1953 Stadtältester
Grab: Abtlg. 20 – 190   *Ehrengrab*

Alter Kirchhof der St. Jacobi-Gemeinde
Karl-Marx-Straße 4−10

Emil Fischer

Geb. 31. 12. 1865 in Pöllnitz/Westpreußen · Gest. 08. 09. 1932
Lehrer
1897 Begründer und Leiter des Heimatkundemuseums
für Neukölln
Grab: C I − 107 − Erbb.

Reinhold Kiel

Geb. 22. 04. 1874 in Danzig · Gest. 10. 03. 1913
Stadtbaurat (u. a. Rathaus Rixdorf, jetzt Neukölln)
Grab: lk. Mauer − 13 − Erbb.

Johann Samuel Heinrich Kiepert

Geb. 31. 07. 1818 in Berlin · Gest. 21. 04. 1899
Geograph und Kartograph, Professor
(Karten von Kleinasien)
,,Topograph-histor. Atlas von Hellas" (1831−1846)
Grab: C I − 61/62   *Ehrengrab*

Hermann Sander

Geb. 14. 07. 1845 in Berlin · Gest. 12. 03. 1939
Fabrikbesitzer
1887−1918 Gemeindevertreter, Stadtverordneter
Grab: lk. Mauer − 5 − Erbb.

Franz Skarbina

Geb. 24. 02. 1849 in Rixdorf · Gest. 18. 05. 1910
Maler
1882 Mitglied der Akademie der Bildenden Künste
1893 Lehrer an der Hochschule
Mitbegründer der Berliner Sezession
Bild: ,,Die Promenade in Karlsberg"
Grab: C I − 545

Kirchhof der Magdalenen-Gemeinde

Karl-Marx-Straße 209–213

Daniel Benjamin Niemetz

Geb. 26. 06. 1853 · Gest. 09. 05. 1910
  Gärtnereibesitzer
  1886–1899 Gemeindevorsteher von Rixdorf
  1899–1909 Stadtrat
  1909 Stadtältester
Grab: Grab an der rechten Mauer   *Ehrengrab*

Landeseigener Friedhof Neukölln

früher: Hinter der Hasenheide
danach: Neuer Garnisonfriedhof
Columbiadamm 122–158

Eduard Karl Robert von Hartmann

Geb. 23. 02. 1842 in Groß-Lichterfelde · Gest. 05. 07. 1906
  Philosoph, Privatgelehrter
  Vorläufer von Freud
  Entwurf einer Metaphysik
  ,,Philosophie des Unbewußten" (3 Bde., 1869)
  ,,Das Grundproblem der Erkenntnistheorie" (1889)
Grab: Gi. O. – IV 2 – 7/8   *Ehrengrab*

Balduin Möllhausen

Geb. 27. 01. 1825 bei Bonn · Gest. 28. 05. 1905
  Schriftsteller, Reisebeschreibungen
  Ausgedehnte Forschungen; u. a. in Nordamerika
  45 Romane und 80 Novellen u. a. ,,Talisman", Halbindianer"
  ,,Das Mormonenmädchen", 6 Bde.,
Grab: Gi. O. – IV – 2/1 + 2   *Ehrengrab*

Barbara von Renthe-Fink

Geb. 25. 09. 1901 in Sachsen · Gest. 14. 10. 1983
    Medizinerin
    Senatsdirektorin, Professor
    Vizepräsidentin des DRK Berlin
    Mitarbeit an der Entwicklung des Oskar-Helene-Heims
    zur modernen Universitätsklinik
    1976 Ernst-Reuter-Plakette
Grab: Neue Ostmauer – 8

Landeseigener Friedhof Neukölln
(Früher: Standortfriedhof)
Lilienthalstr. 17–19

Franz Meyer

Geb. 14. 03. 1906 · Gest. 21. 07. 1983
    Buchdrucker
    1933 Zuchthaus wegen Herstellung und Verbreitung illegaler
    Druckschriften
    Nach dem Kriege Vorsitzender der SPD
    1961–71 Stadtrat
    1976 Stadtältester
Grab: He. R – U2 – 6   *Ehrengrab*

Gustav Völpel

Geb. 23. 02. 1901 · Gest. 08. 02. 1959
    Kopierer und Lichtpauser
    Von 1945 bis Mai 1950 Scharfrichter
    9 Todesurteile vollstreckt
Grab: U5 – 26

Kirchhof der St. Simeon- und St. Lukas-Gemeinden

Tempelhofer Weg 1–15

Joachim Lipschitz

Geb. 19. 03. 1918 in Berlin · Gest. 11. 12. 1961
   Kommunalpolitiker
   1946 Bezirksstadtrat (Neukölln, SPD)
   Mitglied des Abgeordnetenhauses
   1955 Senator für Inneres
   Mitglied im Bundesrat
   1956 Heinrich-Stahl-Preis der Jüdischen Gemeinde
Grab: M III – 7 – W. 7/8   *Ehrengrab*

Lothar Schulz

Geb. 08. 03. 1904 in Lauchhammer, Krs. Liebenwerda · Gest.
05. 11. 1976
   Kontorist, Expedient
   1946 Mitglied der CDU
   1955 Beisitzer des Landessozialgerichts und der
   Kammer des Verwaltungsgerichts Berlin
   1976 Stadtältester
Grab: L – 1 – 13/14   *Ehrengrab*

Friedhof der Dorfgemeinde Britz

Backbergstraße 38 a

Ewald Friedrich Graf von Hertzberg

Geb. 02. 09. 1725 in Lottim bei Neustettin · Gest. 27. 05. 1795
   Wirklicher Geheimer Staats-, Kriegs- und Kabinettsminister
   1763 Unterhändler beim Hubertusburger Frieden
   1786 Kurator der Akademie der Wissenschaften
   Ritter des schwarzen Preußen-Adler-Ordens

Landeseigener Friedhof Britz
Buschkrugallee 38–50

Karl Wilhelm Hermann Boddin

Geb. 16. 05. 1844 in Gransee · Gest. 23. 07. 1907
Erster Gemeindevorsteher in Rixdorf
Bürgermeister von Rixdorf
Grab: lk. Mauer – Fmgr. Nr. 22   *Ehrengrab*

Landeseigener Parkfriedhof Neukölln
Buckower Damm 168

Willy Großmann

Geb. 26. 04. 1888 in Berlin · Gest. 20. 01. 1963
1908 Mitglied der SPD
1933–1945 Mitglied der illegalen Ulbricht-Gruppe
1958 Stadtältester
Grab: Abtlg. 101 – 1   *Ehrengrab*

Landeseigener Friedhof Buckow
Alt-Buckow 39 a

Erika Brüning, verh. Günther

Geb. 11. 11. 1911 in Berlin · Gest. 19. 01. 1973
Schauspielerin, Chansonsängerin
,,Berliner Jungen's die sind richtig"
Grab: Abtlg. 1 – 113

Emil Dröpke

Geb. 22. 02. 1881 · Gest. 19. 03. 1942
Oberbrandmeister der Feuerwehr Buckow
Grab: Abtlg. 3 – 55/56   *Ehrengrab*

Erich Raddatz

Geb. 28. 11. 1886 in Konikow/Pommern · Gest. 16. 02. 1964
  Kommunalpolitiker (SPD),
  1955–1959 stellvertr. Bürgermeister Neukölln
  1959 Stadtältester
Grab: Abtlg. 15 – 37   *Ehrengrab*

Hermann Radtke

Geb. 15. 08. 1875 in Quatzow, Krs. Schlawe · Gest. 03. 08. 1969
  Kommunalpolitiker (SPD)
  1955 Stadtältester
Grab: Abtlg. 5 – W – 3 – 26   *Ehrengrab*

August Ferdinand Richard Wilschke

Geb. 26. 04. 1853 in Groß-Neuendorf/Oder · Gest. 26. 02. 1943
  Mitglied der SPD
  1904 unbesoldeter Stadtrat und Stadtverordneter
  1924 Stadtältester
Grab: Abtlg. Familienerbb. Nr. 5

Landeseigener Friedhof Rudow
Köpenicker Straße 117–141

Hans Robert Gustav von Benda

Geb. 22. 11. 1888 in Straßburg · Gest. 13. 08. 1972
  Generalmusikdirektor
  1936–1939 Intendant des Berliner Philharmonischen
  Orchesters
  1939 Gründung des Berliner Kammerorchesters
Grab: Abtlg. A – 39

Emil Wutzky

Geb. 04. 10. 1871 in Berlin · Gest. 30. 12. 1963
  1899 Mitglied der SPD, Stadtverordneter in Rixdorf
  1946 Stadtältester und Alterspräsident
Grab: Abtlg. 13 – 112   *Ehrengrab*

Bezirk Reinickendorf

Landeseigener Friedhof
Freiheitsweg 64

Friedrich Wilke

Geb. 18. 09. 1855 · Gest. 17. 06. 1939
    Amts- und Gemeindevorsteher
    Bürgermeister von Dalldorf, später Wittenau
Grab: Einzelnes Grab Abtlg. I   *Ehrengrab*

Landeseigener Friedhof Reinickendorf
Humboldtstraße 74–90

Fritz Hausberg

Geb. 02. 01. 1880 bei Dortmund · Gest. 16. 11. 1959
    Konstrukteur
    1947–1954 Bezirksverordneter
    1955 Stadtältester
GRAB: N – XI – 163 c   *Ehrengrab*

Meta Omankowsky geb. Schwarz

Geb. 14. 05. 1902 in Stolzenhagen b. Stettin · Gest. 23. 06. 1984
    Mitglied des Abgeordnetenhauses
    1972 Stadtälteste
Grab: Abtlg. 3 – 400   *Ehrengrab*

Landeseigener Friedhof Frohnau
Hainbuchenstraße 64–76

Werner Walter Heinz Kelch

Geb. 27. 01. 1911 in Berlin · Gest. 12. 03. 1977
 Opernregisseur
 Deutsche Oper
 Staats-Oper Unter den Linden
 1953 Lehrauftrag am Theaterwissenschaftlichen Institut (FU)
Grab: Abtlg. 15 – 2 – 1

Oskar Loerke

Geb. 13. 03. 1884 in Jungen/Westpreußen · Gest. 24. 02. 1941
 Lyriker, Essayist, Literaturkritiker
 Lektor im S. Fischer Verlag
 1913 Kleistpreis
 „Der Silberdistelwald", 1934
 „Anton Bruckner", 1938
Grab: Abtlg. G – 3 – 1   *Ehrengrab*

Max Voormann (Vater Max)

Geb. 02. 02. 1894 in Altenvörde · Gest. 13. 08. 1982
 Volkstümlicher Arzt (Wedding)
Grab: Abtlg. 18 – 1 – 25/26

Landeseigener Friedhof Heiligensee
Sandhauser Straße 78–130, Elchdamm 219

Hannah Anna Therese Johanna Höch

Geb. 01. 11. 1889 in Gotha/Thüringen · Gest. 31. 05. 1978
 Malerin, Professor h.c.
 Mitbegründerin der Berliner Dada-Bewegung

Collagen als Stilmittel der Kunst
Grab: Abtlg. 19 – 6 – UR 15   *Ehrengrab*

Landeseigener Friedhof Hermsdorf
Frohnauer Straße 112–122

Wilhelm Brandt

Geb. 10. 09. 1846 · Gest. 03. 04. 1916
    Amts- und Gemeindevorsteher
Grab: I – 1 – 19 a–d   *Ehrengrab*

Adolf Möller

Geb. 20. 07. 1895 in Berlin · Gest. 23. 03. 1980
    Druckereibesitzer („Der Nord-Berliner")
Grab: Abtlg. A – 9 – 4/5/6

Eleonore Schneider, geb. Krause

Geb. 17. 05. 1907 in Berlin · Gest. 17. 09. 1982
    1945 Mitgründerin der CDU in Berlin
    1955–1972 Abgeordnete
    (Arbeit mit behinderten Kindern und Jugendlichen)
    1976 Stadtälteste
Grab: Abtlg. A – 2 – 2 – 3/4/5   *Ehrengrab*

Landeseigener Friedhof Tegel
„Am Nordgraben", Waidmannsluster Damm 17/19 u. 20b
Wilhelm-Blume-Allee 3

Wilhelm Blume

Geb. 17. 11. 1884 in Wolfenbüttel · Gest. 08. 02. 1970
    Pädagoge, Professor
    Gründer der Schulfarm Scharfenberg (1922–1934 Leiter)
Grab: Abtlg. J Ia – 3   *Ehrengrab*

Adolf Dünnebacke

Geb. 29. 07. 1891 in Dortmund · Gest. 01. 05. 1978
   1946–1960 Bürgermeister von Reinickendorf
   Nach 1945 Aufbau der Gewerkschaften
   Loslösung von dem kommunistischen FDGB
   1961 Stadtältester
Grab: Abtlg. J – I a – I a   *Ehrengrab*

Franz Neumann

Geb. 14. 08. 1904 in Berlin · Gest. 09. 10. 1974
   Politiker (SPD)
   Verhinderte in West-Berlin Vereinigung SPD mit KPD zur SED
   1946 Mitbegründer d. Arbeiterwohlfahrt (SPD)
   Vorsitzender der Berliner SPD
   1971 Ehrenbürger von Berlin
Grab: J – I a – I   *Ehrengrab*

Landeseigener Friedhof Wittenau
Thiloweg 2

Franz-Otto Müller

Geb. 10. 12. 1883 in Magdeburg · Gest. 29. 12. 1961
   Kommunalpolitiker
   Bezirksstadtrat
   Nach dem Zweiten Weltkrieg Gründung der Ortsgruppe der CDU
   1958 Stadtverordneter
Grab: Abtlg. VI – 3 – 63/64   *Ehrengrab*

Paul Witte

Geb. 16. 11. 1866 · Gest. 10. 01. 1930
   Kommunalpolitiker
   Bürgermeister von Dalldorf
Grab: Abtlg. I – I – 12 a + b   *Ehrengrab*

Peter Witte

Geb. 16. 03. 1822 in Ütz/Havelland. · Gest. 27. 11. 1902
    Amts- und Gemeindevorsteher
Grab: Abtlg. I – I – 19a/19d   *Ehrengrab*

Kirchhof der ev. Danke-Gemeinde
Blankestraße 12/Moorweg

Friedrich Ahlers-Hestermann

Geb. 17. 07. 1883 in Hamburg · Gest. 11. 12 1973
    Maler und Schriftsteller, Professor
    Schüler von Henri Matisse
    1945–1950 Direktor der Landeskunstschule in Hamburg
    1962 Berliner Kunstpreis
Grab: H – 3 – 28–29   *Ehrengrab*

Käte Paulus

Geb. 22. 12 1868 in Berlin · Gest. 26. 07. 1935
    Erste Fallschirmspringerin der Welt
Grab: Sondergrab D – 2 – 32   *Ehrengrab*

Kirchhof der St. Hedwig-Gemeinde (Kath.)
Ollenhauerstraße 24–28

Alfred Delp

Geb. 15. 09. 1907 in Mannheim · Gest. 02. 02. 1945 (hingerichtet)
    Jesuitenpater
    Seit 1941 Seelsorger in München
    Dem ‚Kreisauer Kreis' zugehörig
    28. 07. 1944 verhaftet
Grab: Abtlg. A – IV (Gedenkstelle)

Raymund Greeve

Geb. 30. 01. 1916 in Berlin · Gest. 25. 03. 1979
  Prälat
  1953 Gründer der katholischen Grundschule St. Ludwig
  1963 Domkapitular
Grab: Abtlg. B 3

Kirchhof der St. Sebastian-Gemeinde
Humboldtstraße 68–73

Paul Heidemann

Geb. 26. 10. 1884 in Köln · Gest. 20. 06. 1968
  Operetten- und Filmschauspieler
  „Der Zarewitsch", 1933
  „Capriolen", 1938
  Filmregie: „Krach im Vorderhaus", 1941
Grab: Abtlg. B2 – 31 – 31/32

„Campo Santo" der Familie von Humboldt
Tegel, Gabrielenstraße
Grabanlage nach Zeichnungen von Schinkel

Friedrich Wilhelm Heinrich **Alexander Freiherr von Humboldt**

Geb. 14. 09. 1769 in Berlin · Gest. 06. 05. 1859
  Naturforscher
  1792–1797 Bergassessor und -meister
  1799–1804 Ortsbestimmungen, Höhen- und Temperaturmessungen in Süd- und Mittelamerika
  1807–1827 Paris
  1827 Rückkehr nach Berlin
  Mit Goethe und Schiller befreundet.
  „Kosmos", 5 Bde., 1845–1862

Karl **Wilhelm Freiherr von Humboldt**

Geb. 22. 06. 1767 in Potsdam · Gest. 08. 04. 1835
   Gelehrter und Staatsmann
   Sprachwissenschaftler, Philosoph
   Verheiratet mit Karoline von Dacheröden 1766–1829
   1802–1808 preuß. Ministerpräsident in Rom
   1809 Direktor der Sektion für Kultus und Unterricht im Innenministerium
   1810 Gründer der Friedrich-Wilhelms-Universität Berlin
   1810 preuß. Gesandter in Wien
   1819 Minister für ständ. und kommunale Angelegenheiten im Innenministerium
   (Entlassung im gleichen Jahr)

Kirchhof der Russisch-Orthodoxen Kirchengemeinde
Wittenau, Wittestraße 32

Michail **Glinka**

Geb. 01. 06. 1804 in Nowospasskoje, Smolenski · Gest. 15. 02. 1857
   Russischer Komponist
   Kammermusik, Klavierstücke und die erste russische
   Nationaloper ,,Das Leben für den Zaren", 1836
   Zuerst begraben im St.-Hedwig-Friedhof und nach ein paar
   Monaten nach Rußland übergeführt
Grabstelle: Vom Hauptweg nach rechts (an der Mauer)

Wladimir Dimitriewitsch **Nabokoff**

Geb. 08. 07. 1870 in St. Petersburg/Rußland · Gest. 28. 03. 1922
(versehentlich erschossen)
   Staatsrechtler, Professor
   (Vater von Wladimir N.)
Grab: Abtlg. 2 – 2 – 7

Kirchhof der Martin-Luther-Gemeinde

Alt-Tegel, Barnabasstraße 5–19

Marie Schlei geb. Stabenow

Geb. 26. 11. 1919 in Reetz/Pommern · Gest. 21. 05. 1983
  Politikerin (SPD)
  1969 Mitglied des Bundestages
  1977–1978 Bundesministerin für wirtschaftliche
  Zusammenarbeit
  1980 Ernst-Reuter-Plakette

Grab: Abtlg. L – 86–87   *Ehrengrab*

Bezirk Schöneberg

Alter Kirchhof der St. Matthäus-Gemeinde
Großgörschenstraße 12–14/Monumentenstraße

Heinrich Adolf von Bardeleben

Geb. 01. 03. 1819 in Frankfurt (Oder) · Gest. 24. 09. 1895
    Mediziner
    Generalarzt des Sanitätskorps
    Direktor der chirurgischen Klinik der Charité
    Wundbehandlung nach J. Lister
    ,,Lehrbuch der Chirurgie''
Grab: E – s – Erbb.   *Ehrengrab*

Gustav Moritz Bock

Geb. 02. 03. 1815 in Berlin · Gest. 27. 04. 1863
    Königl. Musikverleger
    Mitbegründer des Verlages Bote & Bock
Grab: C – w – 16   *Ehrengrab*

Carl Bolle

Geb. 1833 in Milow/Havel · Gest. 1910
    Geheimer Kom. Rat
    28. 02. 1881 Begründer des mobilen Milchhandels
Grab: P – sl   *Ehrengrab*

Max Bruch

Geb. 06. 01. 1838 zu Köln · Gest. 02. 10. 1920
Dirigent und Komponist
Oper: ,,Lorelei'', 1863
Chorkompositionen, Konzerte (u. a. Violinkonzert g-moll)
1908 Pour le mérite (Friedensklasse)
Ehrenmitglied von 35 musikalischen Gesellschaften
Grab: Q – w   *Ehrengrab*

Heinrich Brunner

Geb. 21. 06. 1840 in Wels, Oberösterreich · Gest. 16. 08. 1915
Rechtshistoriker
Wirklicher Geheimer Rat, Professor
,,Zur Rechtsgeschichte der römischen und germanischen
Urkunden'', 1880
Grab: D – w – 34

Georg Büchmann

Geb. 04. 01. 1822 in Berlin · Gest. 24. 02. 1884
Philologe, Professor
1864 ,,Geflügelte Worte'' (Zitatensammlung)
Grab: K – 7 – 20   *Ehrengrab*

Carl Büchsel

Geb. 02. 05. 1803 in Schönfeld · Gest. 14. 08. 1889
Generalsuperintendent
Erster Pfarrer der St.-Matthäus-Gemeinde, 1846–1884
Grab: C – 1 – 21   *Ehrengrab*

Otto von Camphausen

Geb. 12. 10. 1812 in Hünshoven bei Aachen · Gest. 18. 05. 1896
1869–1878 preußischer Finanzminister
Gegner der Schutzzollpolitik Bismarcks
Bruder von Ludolf von Camphausen
(Historiker und preußischer Ministerpräsident)
Grab: J – w – 1/2

Minna Cauer, geb. Schelle, verw. Latze

Geb. 01. 11. 1841 in Freyenstein bei Wittstock · Gest. 03. 08. 1922
   Schriftstellerin
   Führerin des linken Flügels der bürgerlichen Frauenbewegung
   „Die Frau im 19. Jahrhundert", 1895
Grab: Q – o – 47   *Ehrengrab*

Ernst Curtius

Geb. 02. 09. 1814 in Lübeck · Gest. 11. 07. 1896
   Archäologe und Philologe, Professor
   1868 Leiter des Alten Museums
   1872 zusätzlich Leiter des Antiquariums
   1875–1881 Leiter der ersten Ausgrabungsperiode in Olympia
   „Griechische Geschichte", 3 Bde., 1857–1867
Grab: D – 17 – 16   *Ehrengrab*

Ludwig Dessoir (Leopold Dessauer)

Geb. 15. 12. 1810 in Posen · Gest. 30. 12. 1874
 · Schauspieler (Charakterdarsteller)
   1849–1872 am Königlichen Schauspielhaus
Grab: F – g – 17

Friedrich Adolph Wilhelm Diesterweg

Geb. 29. 10. 1790 in Siegen · Gest. 07. 07. 1866
   Pädagoge, Schulpolitiker
   1820 Direktor des Lehrerseminars zu Moers
   1832 Direktor des Seminars für Stadtschulen, Berlin
   Begründer der Pestalozzistiftung zu Pankau
   1847 auf eigenen Wunsch entlassen
   1850 vorzeitig pensioniert
   1858 Preußischer Landtagsabgeordneter (Fortschrittspartei)
   Reformatorische Schriften
   (u. a. „Rheinische Blätter für Erz. und Unterricht", 1827 ff.
   „Wegweiser zur Bildung für deutsche Lehrer", 1834
   „Das Pädagogische Deutschland", 1836)
Grab: J – s – 2   *Ehrengrab*

Johann Friedrich Drake

Geb. 23. 06. 1805 in Pyrmont · Gest. 06. 04. 1882
Bildhauer (Victoria auf der Siegessäule), Professor
Grab: D – o – 35 *Ehrengrab*

August Wilhelm Dressler

Geb. 19. 12. 1886 in Bergesgrün · Gest. 08. 05. 1970
Maler und Graphiker
Führender Maler des Berliner Realismus
1927 Staatspreis Berlin
„Die Plätterin" (Galerie d. XX. Jh.), Berlin
Grab: D – s – 12 *Ehrengrab*

Eduard Gerhard

Geb. 29. 11. 1795 in Posen · Gest. 12. 05. 1867
Archäologe, Professor
Geheimer Regierungsrat
1828 Gründung des Deutschen Archäologischen Instituts
in Rom
Grab: F – o – 10 *Ehrengrab*

Rudolf von Gneist

Geb. 13. 08. 1816 in Berlin · Gest. 22. 07. 1895
Rechtswissenschaftler, Professor
Jurist und Politiker
Großer Einfluß auf die neuere Verwaltungsgesetzgebung
in Preußen
25 Jahre Leiter des „Zentralvereins für das Wohl der arbeitenden
Klasse"
Grab: E – n – 3/4 *Ehrengrab*

Wilhelm Griesinger

Geb. 29. 07. 1817 in Stuttgart · Gest. 26. 10. 1868
Neurologe, Psychiater, Professor

(wissenschaftliche Erklärung der Geisteskrankheiten)
Grab: I – n – 4/5   *Ehrengrab*

Hermann Grimm

Geb. 06. 01. 1828 in Kassel · Gest. 16. 06. 1901
   Kunst- und Literarhistoriker, Professor
   Geheimer Regierungsrat
   Vorbereitung der allgemeinen Goethe-Renaissance im 19. Jh.
   ,,Das Leben Michelangelos", 1860–1863, 2 Bde.
   Sohn von Wilhelm Grimm
Grab: F – s – 4

Jacob Ludwig Grimm

Geb. 04. 01. 1785 in Hanau/Main · Gest. 20. 09. 1863
   Schöpfer der germanischen Sprachwissenschaft, Professor
   Gemeinsam mit seinem Bruder Wilhelm Herausgeber der
   ,,Kinder- und Hausmärchen", 3 Bde., 1812–1822 und der
   ,,Deutschen Sagen", 2 Bde., 1816–1818
   ,,Deutsche Grammatik", 4 Bde., 1819–1837
   ,,Deutsches Wörterbuch" 3 Bde. (unvoll.)

Wilhelm Carl Grimm

Geb. 24. 02. 1786 in Hanau/Main · Gest. 16. 12. 1859
   Deutscher Sprachforscher, Professor
   Hauptwerk: ,,Die deutschen Heldensagen", 1829
Gräber: F – s – 1–2   *Ehrengräber*

David Hansemann

Geb. 12. 07. 1790 in Finkenwerder · Gest. 04. 08. 1864
in Schlangenbad
   Wirtschaftspolitiker
   1824 Gründung einer Feuerversicherungsanstalt in Aachen
   1848 preußischer Finanzminister
   1851 Gründer Disconto-Gesellschaft
Grab: F – s Grabanlage v. Hitzig   *Ehrengrab*

Adolf von Harnack

Geb. 07. 05. 1851 in Dorpat · Gest. 10. 06. 1930 in Heidelberg
Evangelischer Theologe
Kirchen- und Kulturhistoriker
1911 Erster Präsident der Kaiser-Wilhelm-Gesellschaft
(heute Max-Planck-Gesellschaft).
Mitglied der Akademie der Wissenschaften
„Lehrbuch der Dogmengeschichte", 1886–1890
Pour le mérite (Friedensklasse)
Grab: C – 5 – 9   *Ehrengrab*

Friedrich von Hefner-Alteneck

Geb. 27. 04. 1845 in Aschaffenburg · Gest. 07. 01. 1904 in Biesdorf
bei Berlin
Konstrukteur und Elektrotechniker
Erfindungen:
1872 Trommelanker für Dynamomaschinen
1878 Differentialbogenlampe
1884 Hefner-Lampe
Grab: H – 16 – 4 – 5   *Ehrengrab*

Immanuel Hegel

Geb. 24. 09. 1814 in Nürnberg · Gest. 26. 11. 1891
Theologe, Politiker,
Vertreter der positiv-kirchlichen Partei
1865–1891 Konsistorialpräsident der Provinz Brandenburg
Sohn des G. W. F. Hegel
Grab: D – s – 8   *Ehrengrab*

Wilhelm Ludwig Hertz

Geb. 26. 06. 1822 in Hamburg · Gest. 05. 06. 1901
Verleger (Th. Fontane, G. Keller u. a.)
Grab: Q – ol – 47   *Ehrengrab*

August Freiherr von der Heydt

Geb. 15. 02. 1801 in Elberfeld · Gest. 13. 06. 1874
Bankier
1848–1862 preußischer Handels- und Finanzminister
Grab: E – s   *Ehrengrab*

David Kalisch

Geb. 23. 02. 1820 in Breslau · Gest. 21. 08. 1872
Schriftsteller
Gründer der Zeitung „Kladderadatsch" (politisch-satirisch)
Posse: „100000 Taler"
Grab: S – n – 5/7   *Ehrengrab*

Gustav Robert Kirchhoff

Geb. 12. 03. 1824 in Königsberg/Pr. · Gest. 17. 10. 1887
Physiker, Professor
Besonders Arbeiten auf dem Gebiet der
Spektralanalyse der
Elektrizität und der Strahlungstheorie
(mit Bunsen)
(Kirchhoffsches Strahlungsgesetz, 1859)
Grab: P – w – 23   *Ehrengrab*

August Karl Eduard Kiss

Geb. 11. 10. 1802 in Paprotzan, Krs. Pleß/Oberschlesien · Gest.
24. 03. 1865
Bildhauer, Professor
Er war Schüler von Rauch (Klassizismus)
„Amazone", 1841
Schinkelporträts an seinem Grab
Grab: D – wl – 1/3   *Ehrengrab*

Leopold Kronecker

Geb. 07. 12. 1823 in Liegnitz · Gest. 29. 12. 1891
  Mathematiker, Professor
  (Hauptforschung: Zahlentheorie)
Grab: P – wl   *Ehrengrab*

Franz Theodor Kugler

Geb. 19. 01. 1808 in Stettin · Gest. 13. 03. 1858
  Kunsthistoriker, Maler, Dichter
  1843 Vortragender Rat im Kultusministerium
  ,,Geschichte Friedrich des Großen"
  (mit Holzschnitten von Menzel)
  Text des Liedes: ,,An der Saale hellem Strande", 1822
  ,,Handbuch der Kunstgeschichte", 1841/42
Grab: A – s4   *Ehrengrab*

Rudolf Konrad Bernhard von Langenbeck

Geb. 09. 11. 1810 in Padingbüttel, Krs. Wesermünde · Gest.
29. 09. 1887 in Wiesbaden
  Chirurg, Professor
  Wirklicher Geheimer Rat
  Einer der Begründer der modernen Chirurgie
  (Langenbecksche Haken)
  Gründer der ,,Deutsche Gesellschaft für Chirurgie", 1872
Grab: E – s   Ehrengrab

Franz Josef Freiherr von Lipperheide

Geb. 22. 07. 1838 in Berleburg · Gest. 30. 07. 1906 in München
  Verlagsbuchhändler
  1865 Verlagsgründung (1909 von F. Bruckmann erworben)
  Herausgeber der Zeitschrift ,,Die Modewelt"
  Große kostümwissenschaftliche Sammlung als Geschenk an die
  Staatsbibliothek
Grab: Q – wl   *Ehrengrab*

Wilhelm Loewe

Geb. 14. 11. 1814 in Olvenstedt bei Magdeburg · Gest. 02. 11. 1886
in Meran
    Arzt in Calbe
    Politiker
    Letzter Präsident der Deutschen Nationalversammlung vor ihrer
    Auflösung (1849)
Grab: L – sl – 7

Ehrengrab

Friedrich Matz

Geb. 18. 10. 1843 in Lübeck · Gest. 30. 12. 1874
    Klass. Archäologe, Professor
Grab: I – 7 – 17

Ehrengrab

Carl Wilhelm Mayer

Geb. 25. 06. 1795 · Gest. 12. 02. 1868
    Mediziner, Geheimer Sanitätsrat
    Gründer der „Gesellschaft für Geburtshilfe" in Berlin
Grab: H – s – 15–16

Ehrengrab

Alfred Messel

Geb. 22. 07. 1853 in Darmstadt · Gest. 24. 03. 1909
    Architekt, Baumeister, Professor
    Warenhaus Wertheim am Leipziger Platz
    (Frontlänge 330 m), 1896–1904
    Entwurf für das Pergamonmuseum Berlin, 1907–1909
Grab: K – sl

Ehrengrab

Eilhard Alfred Mitscherlich

Geb. 07. 01. 1794 in Neurede bei Jever/Ostfriesland · Gest.
28. 08. 1863
   Chemiker, Professor
   Geheimer Medizinalrat
   Entdecker des Benzols und des Selens
   Bücher u. a.: ,,Lehrbuch der Chemie", 1829
Grab: F – s   *Ehrengrab*

Karl Victor Müllenhoff

Geb. 08. 09. 1818 in Marne, Süderdithmarschen · Gest. 19. 02. 1884
   Germanist, Professor
   Wegbereiter der deutschen Altertumskunde
   und Runenlehre
   ,,Sagen, Märchen und Lieder der Herzogstümer
   Schleswig-Holstein und Lauenburg", 1843
Grab: H – w – 51   *Ehrengrab*

Robert Michaelis von Olshausen

Geb. 03. 07. 1835 in Kiel · Gest. 01. 02. 1915
   Gynäkologe und Geburtshelfer, Professor
   Geheimer Medizinalrat
   Herausgeber der ,,Zeitschrift für Geburtshilfe
   und Gynäkologie"
Grab: M – sl – Erbb.   *Ehrengrab*

Friedrich Paulsen

Geb. 16. 07. 1846 in Langenhorn, Schleswig-Holstein · Gest.
14. 08. 1908
   Philosoph und Pädagoge, Professor
   ,,Geschichte des gelehrten Unterrichts auf den deutschen
   Schulen und Universitäten", 1885, 2 Bde.
Grab: K – 4 – 1/2   *Ehrengrab*

Karl Gottfried Pfannschmidt

Geb. 15. 09. 1819 · Gest. 05. 07. 1887
    Maler
    Lehrer für Komposition und Gewandungen
    Werke: Abendmahl in der Berliner Schloßkapelle
    Ausmalung der Apsis im Charlottenburger
    Mausoleum
Grab: P – 11 – 1   *Ehrengrab*

Karl Otto von Raumer

Geb. 07. 09. 1805 in Stargard, Pommern · Gest. 06. 08. 1859
    Politiker
    1850–1858 preußischer Unterrichtsminister
    (Entlassung durch Diesterweg)
Grab: D – S – 1/2   *Ehrengrab*

Gustav Richter

Geb. 03. 08. 1823 · Gest. 03. 04. 1884
    Bildnismaler, Professor
    Ritter des Pour le mérite (Friedensklasse)
Grab: K ol/sl

Heinrich Rubens

Geb. 30. 03. 1865 in Wiesbaden · Gest. 17. 07. 1922
    Physiker, Professor
    Direktor des Physikalischen Instituts
    (Anstoß zur Aufstellung des Planckschen Strahlungsgesetzes)
Grab: D – w – 15   *Ehrengrab*

Xaver Scharwenka

Geb. 06. 01. 1850 in Samter, Polen · Gest. 08. 12. 1924
    Pianist und Komponist
    Klavierpädagoge, Professor
    „Klänge aus meinem Leben", 1922
Grab: P – 4 – 9   *Ehrengrab*

Wilhelm Scherer

Geb. 26. 04. 1841 in Schönborn, Niederösterreich · Gest.
06. 08. 1886
Germanist,
Literarhistoriker und Philologe, Professor
Buch: ,,Geschichte der deutschen Literatur", 1880–1883
Grab: Q – s – 9/10   *Ehrengrab*

Heino Schmieden

Geb. 15. 05. 1835 · Gest. 07. 09. 1913
Architekt
Gemeinsam mit W. Gropius Erbauer des ehem.
Kunstgewerbemuseums in der Stresemannstraße
Grab: I – 8 – 6/7/8/9   *Ehrengrab*

Simon Schwendener

Geb. 10. 02. 1829 in Buch, St. Gallen/Schweiz · Gest. 27. 05. 1919
Botaniker, Professor
,,Der mechanische Bau der Monokotylen", 1874
Grab: Q – ol   *Ehrengrab*

Friedrich Julius Stahl, vorher Jolson

Geb. 16. 01. 1802 in Würzburg · Gest. 10. 08. 1861 in Bad Brückenau
Rechtsphilosoph, Professor
Politiker
Unter Schellings Einfluß und gegen Hegel:
,,Die Philosophie des Rechts", 2 Bde., 1830–1837
Als Politiker Führer der Hochkonservativen
Einfluß auf Friedrich Wilhelm IV.
,,Das monarchische Prinzip", 1845
Mitbegründer der sogenannten Kreuz-Zeitung
Grab: F – n – 25   *Ehrengrab*

Bethel Henry Strousberg, eigtl. Barthel Heinrich Straußberg

Geb. 20. 11. 1823 in Neidenburg · Gest. 31. 05. 1884
  Journalist in England
  1863 Generalunternehmer für Eisenbahnbauten
  (Fabrikant und „Eisenbahnkönig")
Grab: I – ol

Gerhard Struwe

Geb. 03. 09. 1835 in Ummendorf · Gest. 06. 07. 1904
  Oberamtmann
  Unbesoldeter Stadtrat
  (Kanalisations-, Park- und Krankenhausdeputation)
  Gutshof Struweshof (Erziehungsanstalt)
  1903 Stadtältester
Grab: H – 19 – 2   *Ehrengrab*

Heinrich Karl Ludolf von Sybel

Geb. 02. 12. 1817 in Düsseldorf · Gest. 01. 08. 1895
  Historiker, Geschichtsschreiber
  Direktor der preußischen Staatsarchive
  Gründer der „Historische Zeitschrift"
  Im Landtag Gegner von Bismarck, später enge freundschaftliche
  Beziehung zu ihm
  „Die Begründung des Deutschen Reichs durch Wilhelm I.",
  7 Bde., 1890–1894
Grab: H – ol   *Ehrengrab*

Georg Toebelmann

Geb. 16. 04. 1835 · Gest. 22. 02. 1909
  Königlicher Baurat
  Stadtrat
  1905 Stadtältester von Charlottenburg
Grab: Q – wl   *Ehrengrab*

Heinrich Gothard von Treitschke

Geb. 15. 09. 1834 in Dresden · Gest. 28. 04. 1896
  Historiker, Historiograph, Professor
  ,,Deutsche Geschichte im 19. Jahrhundert", 5 Bde., 1879—1894
Grab: D – o – 16   *Ehrengrab*

Rudolf Ludwig Karl von Virchow

Geb. 13. 10. 1821 in Schivelbein, Pommern · Gest. 05. 09. 1902
  Pathologe, Sozialpolitiker, Professor
  Begründer der Zellularpathologie, der neuzeitlichen
  Anthropologie und Ethnologie
  Großer Einfluß auf die Hygienegesetzgebung und auf soziale
  Fürsorge
  Führt Trichinenbeschau ein
  Gegner Bismarcks
  Landtags- und Reichstagsabgeordneter (Deutsche Fortschritts-
  partei, später für Freisinnigenpartei)
  ,,Goethe als Naturforscher", 1881
  Archiv für pathologische Anatomie, 1847
Grab: H – s – 12   *Ehrengrab*

Georg Waitz

Geb. 09. 10. 1813 in Flensburg · Gest. 24. 05. 1886
  Rechtshistoriker, Professor
  Vorsitzender der Zentralredaktion der ,,Monumenta Germaniae
  Historica"
  1848/49 Mitglied der Nationalversammlung
  1869—1883 3.—5. Aufl. von Dahlmanns ,,Quellenkunde"
Grab: P – n – 16   *Ehrengrab*

Gedenkstelle der Widerstandskämpfer

Claus Schenk Graf von Stauffenberg
Ludwig Beck

Friedrich Olbricht
Albrecht Merz von Quirnheim
Werner von Haeften
Gedenkstelle A – s4
Am 20. Juli 1944 in der Bendlerstraße hingerichtet, hier für wenige
Stunden begraben, dann exhumiert, an einem unbekannten Ort ver-
brannt und die Asche verstreut.

Kirchhof der Gemeinde Alt-Schöneberg
Hauptstraße 47

Adolph Feurig

Geb. 1830 · Gest. 1890
    1874–1890 erster hauptamtl. Amts- und Gemeindevorsteher
    von Schöneberg
Grab: Abtlg. W – 3 – 4   *Ehrengrab*

Ludwig Frege

Geb. 06. 07. 1804 in Berlin · Gest. 06. 07. 1883
    Pfarrer in Schöneberg und Lankwitz
    Schloßprediger, Schriftsteller
Grab: Abtlg. W – 3 – 11 a

Fritz Heyl

Geb. 12. 12. 1833 · Gest. 02. 10. 1908
    Tischlermeister
    Gemeindevorsteher
    1898 Stadtrat und Stadtältester
Grab: Abtlg. OP – 4 – 12   *Ehrengrab*

Gustav Müller

Geb. 12. 11. 1846 · Gest. 22. 03. 1904
 Bankdirektor
 Stadtverordnetenvorsteher
Grab: Abtlg. 1 – 3 – 6   *Ehrengrab*

Franz Heinrich Schwechten

Geb. 12. 08. 1841 in Köln · Gest. 11. 08. 1924
 Architekt, Baumeister, Professor
 Bauwerke: Anhalter Bahnhof und Kaiser-Wilhelm-
 Gedächtniskirche.
Grab: Abtlg. O – I6 – 26   *Ehrengrab*

Landeseigener Friedhof
ehem. Kirchhof der St. Matthäus-Gemeinde
Priesterweg 17

Jacob Kuny

Geb. 12. 05. 1893 in Basel, Schweiz · Gest. 07. 12. 1977
 Berliner Original, Weltbesserer
 (Prophet der Liebe)
Grab: Abtlg. 14 – 1 – 7

Alter Kirchhof der Zwölf-Apostel-Gemeinde
Kolonnenstraße 24–25

Reinhold Begas

Geb. 15. 07. 1831 in Berlin · Gest. 03. 08. 1911
 Bildhauer (auch Porträts), Professor
 „Borussia"-Denkmal im Preußenpark, Wilmersdorf
 Bismarck-Denkmal, Tiergarten
 Neptun-Brunnen vor Rotem Rathaus
Grab: Abtlg. 2 – 7 – 13/14   *Ehrengrab*

Carl Heinrich von Boetticher

Geb. 06. 01. 1833 in Stettin · Gest. 06. 03. 1907 in Naumburg
   Ministerialbeamter
   1866–1870 Mitglied des preußischen Abgeordnetenhauses
   1880 preußischer Staatsminister (ohne Ressort)
   1881 Generalstellvertreter des Reichskanzlers
   1888 Vizepräsident des preußischen Staatsministeriums
   1897–1906 Oberpräsident von Sachsen
   „Fürst Bismarcks Entlassung", 1902
Grab: Abtlg. 1 – 16 – 2

Johann Gustav Droysen

Geb. 06. 07. 1808 in Treptow (Rega) · Gest. 19. 06. 1884
   Historiker und Politiker, Professor
   1844 in Kiel beteiligt am Aufstand Schleswig-Holsteins
   gegen die Dänen
   „Geschichte Alexanders des Großen", 1833
   „Geschichte des Hellenismus", 1836–1843
   Biographie Yorck von Wartenburg, 1851/52, 3 Bde.
Grab: Gedenkstein, Hauptweg, lk. Seite   *Ehrengrab*

Max(imilian) Duncker

Geb. 15. 10. 1811 in Berlin · Gest. 21. 07. 1886 in Ansbach
   Historiker, Politiker, Professor
   Mitglied der Frankfurter Nationalversammlung
   1867–1874 Direktor der preußischen Archive
   Buch: „Geschichte des Altertums", 9 Bde., 1852–1886
Grab: Abtlg. V – Gitter   *Ehrengrab*

Alexander von Falz-Fein

Geb. 22. 11. 1864 in Askania-Nova, Ukraine · Gest: 09. 09. 1919
Grab: Abtlg. 5 – 20 – 12   *Ehrengrab*

Friedrich von Falz-Fein

Geb. 18. 02. 1863 in Askania-Nova, Ukraine · Gest. 02. 08. 1920 in Bad Kissingen
    Tierzüchter und Schöpfer des Naturparks in Askania-Nova
Grab: Abtlg. 5 – 33 – 5   *Ehrengrab*

Eduard Fürstenau

Geb. 20. 06. 1826 in Cassel · Gest. 08. 07. 1913
    Pädagoge, Professor
    Stadtschulrat
    1901 Stadtältester
Grab: Abtlg. 6 – 2 – 18   *Ehrengrab*

Carl Georg Anton Graeb

Geb. 18. 03. 1816 in Berlin · Gest. 08. 04. 1884
    Königlicher Hofmaler, Professor
    Landschafts- und Architekturmaler
Grab: Abtlg. V – Gitter   *Ehrengrab*

Paul Graeb

Geb. 02. 02. 1842 in Berlin · Gest. 05. 01. 1892
    Hofmaler und auch Architekturmaler, Professor
    Sohn von C. Graeb
Grab: Südmauer   *Ehrengrab*

Ernst Ludwig Herrfurth

Geb. 06. 03. 1830 in Oberthau, Krs. Merseburg · Gest. 14. 02. 1900
    Preußischer Staatsmann
    1888–1892 Minister des Inneren
    1891 neue Landgemeindeordnung für die östlichen
    preußischen Provinzen
Grab: Ostmauer, Erbb.

Reinhold Koser

Geb. 07. 02. 1852 in Schmarzow bei Prenzlau · Gest. 25. 08. 1914
  Historiker
  Geheimer Oberregierungsrat
  Generaldirektor des preußischen Staatsarchivs
  Vorsitzender der Zentraldirektion der ,,Monumenta Germaniae
  Historica"
  ,,König Friedrich der Große", 2 Bde., 1893–1903
Grab: Abtlg. 5 – 1 – 2/3/4   *Ehrengrab*

Friedrich Naumann

Geb. 25. 03. 1860 in Störmthal bei Leipzig · Gest. 24. 08. 1919
  Evangelischer Theologe, Sozialpolitiker (Zeitschrift ,,Die Hilfe")
  Mitglied der Nationalversammlung und Vorsitzender der
  ,,Deutsche Demokratische Partei"
  Mitglied des deutschen Reichstages
Grab: Abtlg. Südmauer   *Ehrengrab*

Friedrich Schröder-Sonnenstern

Geb. 11. 09. 1892 in Kuckerheese b. Tilsit · Gest. 11. 05. 1982
  Maler, Lyriker
  Ein Original

Neuer Kirchhof der Zwölf-Apostel-Gemeinde
Werdauer Weg am Sachsendamm

Albert Martin Robert Radecke

Geb. 31. 10. 1830 in Dittmernsdorf · Gest. 21. 06. 1911
in Wernigerode
  Komponist, Hofkapellmeister in Berlin
  Leiter des Sternschen Konservatoriums
  Lied: ,,Aus der Jugendzeit"
Grab: 4 – 2 – 38/39

Franz Reuleaux

Geb. 30. 09. 1829 in Eschweiler · Gest. 20. 08. 1905
 Ingenieur, Techniker, Professor
 Wissenschaftliche Begründung der Kinematik
 ,,Lehrbuch der Kinematik", 2 Bde., 1875–1906
Grab: Abtlg. 3 – 1 a – 49

Paul Simmel

Geb. 27. 06. 1887 in Berlin · Gest. 23. 03. 1933 (Selbstmord)
 Karikaturist (vor allem für die ,,Berliner Illustrirte")
Grab: Zaun links, 97 – 3   *Ehrengrab*

Philipp Spitta

Geb. 27. 12. 1841 in Wechold bei Nienburg · Gest. 13. 04. 1894
 Musikforscher
 Bach-Biographie, 1873–1880
 Gesamtausgaben von Buxtehude, Friedrich II. und
 Heinrich Schütz
Grab: Abtlg. 3 – 2 – 26

Anton von Werner

Geb. 09. 05. 1843 in Frankfurt (Oder) · Gest. 04. 01. 1915
 Maler (Historie und Genre), Professor
 Kunst-Direktor der Berliner Akademie
 Bilder u. a. ,,Kaiserproklamation in Versailles"
 Mosaik an der Siegessäule
Grab: Erbb. a. d. Südmauer   *Ehrengrab*

Ernst Wichert

Geb. 11. 03. 1831 In Insterburg · Gest. 21. 01. 1902
 Jurist und Schriftsteller
 Roman: ,,Der Große Kurfürst in Preußen", 5 Bde., 1886–1890
 Drama: ,,Ein Schritt vom Wege", 1873
Grab: Abtlg. 2 – 49 – 4/5

Landeseigener Friedhof Schöneberg I
Eisackstraße 40a

Eduard Bernstein

Geb. 06. 01. 1850 in Berlin · Gest. 18. 12. 1932
Politiker, sozialdemokratischer Reichstagsabgeordneter
Mitverfasser des Gothaer Programms, 1875
und des Görlitzer Programms, 1921
Hauptvertreter des „Revisionismus"
Buch: „Zur Geschichte der Berliner Arbeiterbewegung"
Grab: Abtlg. 4 – Block A – 34   *Ehrengrab*

Rudolf Wilde

Geb. 26. 05. 1857 · Gest. 01. 11. 1910
Kommunalpolitiker
Erster Oberbürgermeister von Schöneberg
Grab: Abtlg. 8   *Ehrengrab*

Landeseigener Friedhof Schöneberg II
Eythstraße 1–25

Konrad Dickhardt

Geb. 16. 12. 1899 · Gest. 11. 06. 1961
Kommunalpolitiker
1959–1961 Bezirksbürgermeister von Schöneberg
Grab: Abtlg. 67 – 44a   *Ehrengrab*

Erich Wendland

Geb. 11. 11. 1888 · Gest. 07. 10. 1950
Kommunalpolitiker
1945–1950 Bezirksbürgermeister von Schöneberg
Grab: Abtlg. 65 – 58/59   *Ehrengrab*

Louis Zobel

Geb. 15. 11. 1870 in Neumark/Westpreußen · Gest. 17. 06. 1964
   1903–1933 Stadtverordneter in Schöneberg
   Oberturnrat
   1950 Stadtältester
   Bedeutende Tätigkeit auf dem Gebiete des Schulturnens
Grab: Abtlg. – Urne I – 51   *Ehrengrab*

Landeseigener Friedhof Schöneberg III
Friedenau, Stubenrauchstraße 43–45

Ottomar Anschütz

Geb. 16. 05. 1846 in Lissa/Posen · Gest. 30. 05. 1907
   Wegbereiter der Kinematographie
   1894 erste Vorführung von Filmszenen
Grab: Abtlg. 4 – 1 – 20/21

Carl Bamberg

Geb. 12. 07. 1847 · Gest. 04. 06. 1892
   Mechaniker und Optiker
   Begründer der Firma für Präzisionsmechanik C. Bamberg
   (später ,,Askania-Werke")
Grab: Abtlg. 21 – 2 – 1–2/a   *Ehrengrab*

Ferruccio Busoni

Geb. 01. 04. 1866 in Empoli bei Florenz · Gest. 27. 07. 1924
   Klaviervirtuose und Komponist
   (Mutter: deutsche Pianistin, Vater: italienischer Klarinettist)
   Opern: ,,Doktor Faust", ,,Turandot"
Grab: Abtlg. 13 – Reihe 3   *Ehrengrab*

Herbert Grünbaum

Geb. 27. 08. 1903 in Berlin · Gest. 23. 09. 1981
   Staatsschauspieler
   Emigration, in Israel Gründer des „Kammertheaters Tel Aviv"
   Nach dem Kriege Jahrzehnte im Ensemble des Berliner
   Schiller-Theaters.
Grab: Urnenhalle, große Nische, Raum Nr. 18

Hans Halden (eigtl. Ernst Siewert)

Geb. 12. 01. 1888 in Berlin · Gest. 12. 09. 1973
   Schriftsteller (Dramen, Novellen, Filme, Hör- und Fernsehspiele)
Grab: Abtlg. 6 – Reihe 4–8

Johannes Homuth

Geb. 30. 03. 1839 · Gest. 02. 03. 1922
   Gemeindeältester zu Friedenau
Grab: Abtlg. 11 – Gitter 159   *Ehrengrab*

Paul Kunow

Geb. 1848 · Gest. 1936
   Architekt
   1898–1918 Gemeindeverordneter und Gemeindeältester
Grab: Abtlg. 9 – R. 4 – 2   *Ehrengrab*

Hans Bruno Franz Kyser

Geb. 23. 07. 1882 in Graudenz/Westpreußen · Gest. 24. 10. 1940
   Schriftsteller (Lyrik, Drama, Prosa)
   Romane: „Blumenhiob", 1909, „Gastmahl des Domitian", 1910
   Filmbücher: „Der Student aus Prag", „Faust"
   Dramen: „Charlotte Stieglitz", 1915
   „Rembrandt vor Gericht", 1933
Grab: Abtlg. 3 – R. 2 11/12

Heinrich Sachs

Geb. 03. 04. 1858 · Gest. 27. 09. 1922
 Königl. preußischer Geheimer Komm. Rat
 Ehrenbürger von Friedenau
Grab: Gartenst.-Süd – 15   *Ehrengrab*

Gerhard Taschner

Geb. 25. 05. 1922 in Jägerndorf/Sudetenland · Gest. 21. 07. 1976
 Musiker (Violine), Professor
 1940–1945 Konzertmeister der Berliner Philharmoniker
Grab: Sondergrabstelle 10 – R. 2 – 3

Paul Vetter

Geb. 16. 10. 1869 · Gest. 31. 08. 1938
 Theologe, Superintendent, Pfarrer in Friedenau
Grab: Abtlg. II – R. 4 – 16

Paul Westermeier

Geb. 09. 07. 1892 in Berlin · Gest. 17. 10. 1972
 Schauspieler (Metropol-Theater, Admiralspalast) (120 Filme)
Grab: Abtlg. 10 – Nr. 189

Paul Zech, Pseudonym Paul Robert Timm Borah

Geb. 19. 02. 1881 in Briesen/Westpreußen · Gest. 07. 09. 1946
in Buenos Aires
 Schriftsteller (Prosa, Drama, express. Lyrik), Professor
 1934 nach Südamerika
 Drama: ,,Das trunkene Schiff'', 1924
 Roman: ,,Die Vögel des Herrn Langfoot''
Grab: Abtlg. I 12   *Ehrengrab*

Rudolf Zech

Geb. 02. 10. 1904 in Elberfeld · Gest. 21. 11. 1972
 Schriftsteller, Verleger, Maler und Graphiker   *Ehrengrab*

Bezirk Spandau

Landeseigener Friedhof „In den Kisseln"
Pionierstraße 84–156
(Am Eingang Plan der Wege, auch zu den Ehrengräbern)

Paul Fechner

Geb. 02. 01. 1894 in Berlin · Gest. 29. 08. 1973
Pädagoge
Landesschulrat
1966 Stadtältester

Ehrengrab

Friedrich Koeltze

Geb. 23. 04. 1852 in Züllichau · Gest. 25. 06. 1939
Geheimer Regierungsrat
Stadtrat, anschließend Bürgermeister
1884 Oberbürgermeister (30 Jahre lang)
1924 Stadtältester

Ehrengrab

Fritz Kranz

Geb. 22. 11. 1888 in Landsberg, Warthe · Gest. 19. 12. 1971
1925–1933 Stadtverordneter
1946–1949 Stadtverordneter
1950 Mitglied des Abgeordnetenhauses
1958 Stadtältester

Ehrengrab

Ernst Liesegang

Geb. 31. 01. 1900 in Lichtenberg · Gest. 09. 07. 1968
Kommunalpolitiker (SPD)
1959–1968 Bürgermeister von Spandau

Walter Ludorf

Geb. 25. 03. 1885 in Elberfeld · Gest. 05. 09. 1969
Architekt
Umbau und Erweiterung von Havelhöhe und Hohengatow
Ehrengrab

Fritz Meyke

Geb. 28. 04. 1903 in Elbing/Westpreußen · Gest. 05. 01. 1982
Schlosser, Mitglied der SPD
1967–1971 Bezirksverordnetenvorsteher
1971 Stadtältester
Ehrengrab

Richard Münch

Geb. 31. 08. 1889 · Gest. 06. 10. 1968
Syndikus von Privatfirmen und Industrieverbänden
1945 Bürgermeister von Spandau
1946 Amtsaufgabe, Vorsitzender der CDU-Fraktion
1965 Stadtältester

Gottlob Münsinger

Geb. 28. 02. 1873 in Schaffhausen bei Böblingen/Württemberg ·
Gest. 25. 02. 1949
1927–1933 Stadtrat
1946–1948 Bürgermeister von Spandau
1948 Stadtältester
Ehrengrab

Georg Ramin

Geb. 28. 11. 1899 in Berlin · Gest. 16. 11. 1957
Ingenieur
Stadtrat
1949 Bürgermeister von Spandau
Ehrengrab

Franz Saskowski

Geb. 23. 03. 1897 in Spandau · Gest. 14. 03. 1982
Kaufmann
1945 Mitbegründer der CDU
1971 Stadtältester

Ehrengrab

Eberhard Storch

Geb. 12. 07. 1905 in Beeskow · Gest. 19. 03. 1978
Schlagerkomponist
Grab: Abtlg. 122 – 73/74

Paul Robert Hermann Wolf

Geb. 17. 11. 1857 in Sagan · Gest. 03. 07. 1926
1895 Bürgermeister von Spandau
1924 Stadtältester

Ehrengrab

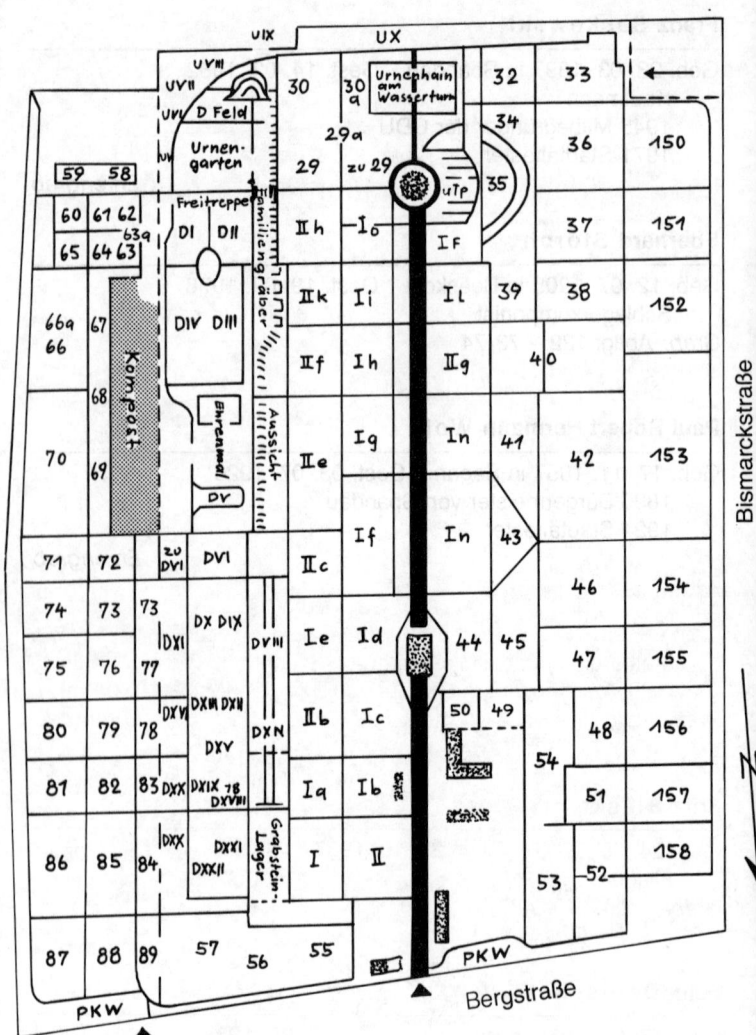

Landeseigener Friedhof Steglitz

Bezirk Steglitz

Landeseigener Parkfriedhof Lichterfelde
Thuner Platz 2–4

Horst Behrend

Geb. 02. 03. 1913 in Stettin · Gest. 22. 11. 1979
  Leiter der Vaganten-Bühne
  1947 gegründet gemeinsam mit Günter Rutenborn
  Schriftsteller, Dozent
  Rechtsritter des Johanniterordens
Grab: Fam.-Gr. im Walde 303

Arthur Berson

Geb. 06. 08. 1859 in Neu-Sandez, Galizien · Gest. 03. 12. 1942
  Meteorologe und Ballonfahrer
  (1901 gemeinsam mit R. Süring Rekordhöhe von 10 800 m)
Grab: Abtlg. 5 – Nr. 14   *Ehrengrab*

Fritz Bläske

Geb. 24. 08. 1913 · Gest. 23. 10. 1937
  Flieger
Grab: Abtlg. 21 – 485

Felix Deutsch

Geb. 16. 05. 1858 in Breslau · Gest. 18. 05. 1928
  Industrieller
  Vorsitzender im Direktorium der AEG
Grab: 305 – Familienst.

Friedrich Karl Otto Dibelius

Geb. 15. 05. 1880 in Berlin · Gest. 31. 01. 1967
   Theologe
   1925 Generalsuperintendent der Kurmark
   1933–1945 suspendiert
   1945–1966 Evangelischer Bischof von Berlin und Brandenburg
   1949–1961 Ratsvorsitzender der EKD
   „Ein Christ ist immer im Dienst", 1961
Grab: Abtlg. 3c – 87/88

Otto Paul Eschenbach

Geb. 29. 10. 1883 · Gest. 15. 08. 1947
   Gartendirektor (maßgeblicher Gestalter des Park-Friedhofes)
Grab: Abtlg. Talwiese – 3

Walter de Gruyter

Geb. 10. 05. 1862 in Dortmund-Ruhrort · Gest. 05. 09. 1923
   Verleger
   1919 Gründung des gleichnamigen Verlages
Grab: Fam.-Gr. – Talweg 72

Hugo Hergesell

Geb. 29. 05. 1859 in Bromberg, Polen · Gest. 06. 06. 1938
   Meteorologe, Professor
   Begründer des Flugzeugwetterdienstes
   Graf Zeppelins Berater
Grab: Fam.-Gr. im Walde – 223

Kurt Heuser

Geb. 05. 06. 1901 in Berlin · Gest. 06. 02. 1965
   Kapellmeister und Komponist
Grab: Fam.-Gr. im Walde – 327

Karl König

Geb. 09. 05. 1910 in Alsen, Rheinland · Gest. 14. 03. 1978
  Kommunalpolitiker (SPD)
  1943–1944 Strafeinheit 999
  1960–1965 Personalchef, Geschäftsleiter
  1964–1972 Senator für Wirtschaft
  1973 Präsident des Deutschen Instituts f. Wirtschaftsforschung
Grab: 2c – Urnengarten – 1 – 3

Robert Johannes E. G. Koldewey

Geb. 10. 09. 1855 in Blankenburg, Harz · Gest. 04. 02. 1925
  Architekt, Archäologe
  (einer der Begründer moderner Ausgrabungsmethoden)
  1898–1917 Ausgrabung von Babylon
  ,,Die griechischen Tempel in Unteritalien und Sizilien",
  2 Bde., 1899
Grab: Abtlg. 19 – 566

Leopold Koppel

Geb. 20. 10. 1834 · Gest. 29. 08. 1933
  Geheimer Kommerzienrat
  Förderer der Wissenschaft
Grab: Fam.-Gr. – Terrassenweg 53   *Ehrengrab*

Georg Richard Kruse

Geb. 17. 01. 1856 in Greiffenberg, Schlesien · Gest. 23. 02. 1944
  Schriftsteller und Komponist (Theaterstücke und Lieder)
  Operndirektor in der Schweiz
  1905 Gründung des Lessing-Theaters in Berlin
  Biographie von Lortzing, 1899
Grab: Urnenhain I – 70   *Ehrengrab*

Gustav Lilienthal

Geb. 09. 10 1849 in Anklam · Gest. 01. 02. 1933
  Ingenieur, Baumeister
  Flugversuche gemeinsam mit seinem Bruder Otto L.
  Erfinder des Anker-Steinbaukastens,
  Gründer der Baugenossenschaft „Freie Scholle"
Grab: Abtlg. 18 – 94–95   *Ehrengrab*

Georg Lohmann

Geb. 23. 02. 1899 in Magdeburg · Gest. 24. 02. 1980
  Musiker (Posaune) und Komponist
Grab: Abtlg. 1 b – 51 a

Eduard Meyer

Geb. 25. 01. 1855 in Hamburg · Gest. 31. 08. 1930
  Historiker, Professor
  „Geschichte des Altertums", 5 Bde., 1884–1902
Grab: Urnenweg 15 – 218

Arthur Moeller van der Bruck

Geb. 23. 04. 1876 in Solingen · Gest. 30. 05. 1925 (Selbstmord)
  Kunsthistoriker, politischer Schriftsteller
  Gegner des Liberalismus und politischer Demokratie
  „Die Deutschen. Unsere Menschengeschichte",
  8 Bde., 1904–1910
  „Das Dritte Reich", 1923
Grab: 297 im Walde

Renate Müller

Geb. 26. 04. 1906 in München · Gest. 07. 10. 1937
  Schauspielerin
  Filme: „Liebling der Götter", 1930
  „Viktor und Viktoria", 1933

„Togger", 1937
Grab: F 3 – 107 Familiengrabst. im Walde

Berthold Otto

Geb. 06. 08. 1859 in Bienowitz bei Liegnitz · Gest. 29. 06. 1933
Reformpädagoge
1906 Gründung der „Hauslehrer-Schule" (B.-O.-Schule)
Zeitung: „Der Hauslehrer" (später „Deutscher Volksgeist")
„Die Zukunftsschule", 2 Teile, 1901–1914
Grab: Neuer Parkteil 88

Gunther Plüschow

Geb. 08. 02. 1886 · Gest. 28. 01. 1931
Kapitänleutnant
Der „Flieger von Tsingtau", verunglückt in Feuerland
Grab: F 7 – 255 Familiengrabst.

Kurt von Schleicher

Geb. 07. 04. 1882 in Brandenburg, Havel · Gest. 30. 06. 1934 in
Neubabelsberg (von der SS ermordet)
General der Infanterie und Politiker
Ab 1920 nichtpolitische Stellungen im Reichswehrministerium
1932 Reichswehrminister
1932–1933 Reichskanzler
Beim sog. Röhm-Putsch ermordet
Grab: 1 – Familiengrabst. im Walde 81   *Ehrengrab*

Martin Sembritzki

Geb. 24. 08. 1872 · Gest. 01. 08. 1934
Kommunalpolitiker
Bürgermeister von Steglitz
Grab: Abtlg. 4 – 61   *Ehrengrab*

Carl Stumpf

Geb. 21. 04. 1848 in Wiesentheid, Krs. Kitzingen/Unterfranken ·
Gest. 25. 12. 1936
    Philosoph, Psychologe und Musikwissenschaftler
    Geheimer Regierungsrat, Professor
    1929 Ritter der Friedensklasse des Pour le mérite
    ,,Tonpsychologie", 2 Bde., 1883–1890
Grab: Urnenhain 2 – 91   *Ehrengrab*

Bruno Wille

Geb. 06. 02. 1860 in Magdeburg · Gest. 31. 08. 1928
in Schloß Senftenau bei Lindau/Bodensee
    Schriftsteller (Lyrik, Romane), Religionsphilosoph
    Herausgeber der Zeitschrift ,,Der Freidenker", 1901
    ,,Das Gefängnis zum preußischen Adler", 1912
    ,,Der Maschinenmensch und seine Erlösung", 1930
Grab: Heideweg 35

Kirchhof der Luther- und der Kreuz-Gemeinde
Malteserstraße 113–121 und Malteserstraße 123–133

Erna Maraun

Geb. 06. 10. 1900 in Berlin · Gest. 20. 1. 1959
    Sozialpädagogin und Mitglied der SPD
    1946 Stadträtin
    1949–1951 Leiterin des Jugendamtes
Grab: Abtlg. E – U – 20   *Ehrengrab*

Luise Nordmann, geb. Schulz

Geb. 06. 09. 1829 in Potsdam · Gest. 12. 01. 1911
    Berliner Original, die (blinde) ,,Harfenjule"
Grab: Denkmal von Franz Merk Abtlg. F – 127/128

Herbert Richter

Geb. 05. 08. 1901 in Halle/Saale · Gest. 08. 05. 1944 hingerichtet
   Widerstandskämpfer
Grab: Abtlg. M – 1 – 24   *Ehrengrab*

Arthur Werner

Geb. 15. 04. 1877 in Berlin · Gest. 27. 07. 1967
   Ingenieur
   13. 05. 1945 von den Sowjets als Oberbürgermeister von Berlin
   eingesetzt, parteilos
Grab: Familiengrab im Walde – 300

Carl Woitschach

Geb. 29. 02. 1864 · Gest. 24. 05. 1939
   Musikdirektor, Komponist (Tänze und Märsche)
Grab: Abtlg. Z – 26/27

Ludwig Wüllner

Geb. 19. 08. 1858 in Münster, Westf. · Gest. 19. 03. 1938 in Kiel
   Schauspieler
   Dozent für Germanistik
   Vortragskünstler
Grab: Familiengrab im Walde – 227   *Ehrengrab*

Kirchhof der Lichterfelde-Giesensdorf-Gemeinde
Ostpreußendamm 132

Viktoria von Ballasko (verh. V. Behrendt)

Geb. 24. 01. 1914 in Wien · Gest. 10. 02. 1976
   Schauspielerin
   Filme: ,,Der Kaiser von Kalifornien", 1935
   ,,Robert Koch, der Bekämpfer des Todes", 1939
Grab: 1. Reihe hinter der Kirche

Kirchhof der Paulus-Gemeinde
Lichterfelde, Hindenburgdamm (Dorfaue)

Johann Anton Wilhelm von Carstenn

Geb. 12. 12. 1822 in Holstein · Gest. 19. 12. 1896
  Bankier
  Grundstücksspekulant
  parzellierte Friedenau und Groß-Lichterfelde
Grab: Vor der Kirche   *Ehrengrab*

Landeseigener Friedhof
Lichterfelde, Langestraße 8–9

Arthur Heinrich Ludolf Johanson Hobrecht

Geb. 14. 08. 1824 in Kobierys, Kr. Dirschau · Gest. 07. 07. 1912
  Politiker
  1872–1878 Oberbürgermeister von Berlin
  1881–1890 Reichstagsabgeordneter
Grab: Abtlg. C I – 1. Wahlr. – 95, 96, 97   *Ehrengrab*

Otto Lilienthal

Geb. 23. 05. 1848 in Anklam, Vorpommern · Gest. 10. 08. 1896 bei
Rhinow abgestürzt
  Ingenieur
  1887 Gründung einer eigenen Firma (u. a. Schlangenrohrkessel)
  Pionier der Flugkunst (über 2000 Gleitflüge)
  „Der Vogelflug als Grundlage der Fliegekunst", 1889
Grab: la – Wahlr. – 7–8   *Ehrengrab*

Otto Pfleiderer

Geb. 01. 09. 1839 in Stetten am kalten Markt, Württemberg · Gest.
18. 07. 1908
   Protestantischer Theologe, Professor
   ,,Grundriß der christlichen Glaubens- und Sittenlehre", 1880
Grab: C I – 1. Wahlr. – 71–72

Landeseigener Friedhof Lichterfelde
Moltkestraße 42

Gustav Kossinna

Geb. 28. 09. 1858 in Trier · Gest. 28. 12. 1931
   Vorgeschichtsforscher, Professor
   Gründer der ,,siedlungsarchäologischen Methode"
Grab: Abtlg. VII – In der Pflanzung 2

Heinrich Seidel

Geb. 25. 06. 1842 in Berlin, Mecklenburg · Gest. 07. 11. 1906
   Ingenieur und Schriftsteller
   Miterbauer des Anhalter Bahnhofs
   ,,Leberecht Hühnchen", 1882
Grab: An der Westmauer 23   *Ehrengrab*

Joachim Tiburtius

Geb. 11. 08. 1889 in Liegnitz, Schlesien · Gest. 27. 05. 1967
   Hochschullehrer, Professor, Politiker (CDU)
   1951–1963 Senator für Volksbildung
   1959 Ernst-Reuter-Plakette
   1962 Gr. Gold. Ehrenzeichen mit Stern der Republik Österreich
Grab: Abtlg. V – Wahlr. – 7   *Ehrengrab*

Landeseigener Friedhof Steglitz
Bergstraße 34–52/Bismarckstraße

Franz Amrehn

Geb. 23. 11. 1912 in Berlin · Gest. 04. 10. 1981
Rechtsanwalt und Notar
Kommunalpolitiker (CDU)
1950–1969 Mitglied des Abgeordnetenhauses
1955–1962 Bürgermeister von Berlin
1979 Ernst-Reuter-Plakette
Grab: II h – 1 W. R. Osten – 18/19

Johannes (Hans) Cürlis

Geb. 16. 02. 1889 in Nierdorf bei Straehlen · Gest. 06. 08. 1982
Kulturfilmregisseur
Leiter des Kulturfilm-Institut GmbH und
Institut für Kulturforschung e. V.
Grab: Abtlg. D – 21 – 2. Wahlr. – f – 2

Willy Erdmann

Geb. 1874 · Gest. 13. 07. 1925
Bürgermeister von Steglitz (Ausbau von Lankwitz)
Grab: Abtlg. I c – Wahlr. E – 13–15

Karl Fischer

Geb. 21. 03. 1881 in Berlin · Gest. 13. 06. 1941
Schriftsteller
1901 Gründer des ,,Wandervogel"
Grab: Abtlg. I L – Wahlreihe Süd – 3–4

Arthur Fleischer

Geb. 07. 04. 1887 in Berlin · Gest. 13. 07. 1959

Heimatforscher (Berlin und Mark Brandenburg)
Grab: Abtlg. 57 – 30–31

Anton Hekking

Geb. 07. 09. 1855 · Gest. 18. 11. 1935
Musiker (Violoncello)
1882 Mitbegründer des Berliner Philharmonischen Orchesters
Lehrer am Sternschen Konservatorium
Kammermusik (Trio mit Arthur Schnabel und Alfred Wittenberg)
Grab: Urnenhain VIII – In der Pflanzung   *Ehrengrab*

Ehrenfried Günther Freiherr von Hünefeld,

Geb. 01. 05. 1892 in Königsberg, Ostpreußen · Gest. 05. 02. 1929
Erster Atlantikflieger (Europa–Nordamerika, 1928)
(gemeinsam mit Hermann Köhl und James Fitzmauriel)
Grab: Abtlg. D – Familiengrab 165   *Ehrengrab*

Walter Leistikow

Geb. 25. 10. 1865 in Bromberg, Polen · Gest. 24. 07. 1908 in Schlach-
tensee (heute zu Berlin)
Maler
Mitbegründer der Berliner Sezession
Entdecker märkischer Seenlandschaft
Grab: Abtlg. I h – 251

Ewald Wenck

Geb. 28. 12. 1891 in Berlin · Gest. 30. 04. 1981
Schauspieler
,,Insulaner" von G. Neumann
300 Filme u. a.: ,,Unser täglich Brot, 1949
,,Herrliche Zeiten", 1951; ,,Adlon", 1955
Grab: Abtlg. D VII – 1. Wahlr. rechts – 11

Julius Zimmermann

Geb. 1834 · Gest. 1902
   1875–1901 Bürgermeister von Steglitz
Grab: Familiengruft 63 – Nebenabtlg. I   *Ehrengrab*

Bezirk Tempelhof

Landeseigener Friedhof Tempelhof
Gottlieb-Dunkel-Straße 26–27

Friedrich Mussehl

Geb. 23. 11. 1855 in Lychen/Mark · Gest. 24. 12. 1912
    1891–1912 Bürgermeister der Landgemeinde
    Tempelhof
Grab: Feld 12 – 12   *Ehrengrab*

Werner Stephan

Geb. 20. 05. 1917 in Lischan · Gest. 17. 08. 1957
    Polizei-Feuerwerker
    Beim Bombenentschärfen durch Explosion getötet
Grab: Feld 12 – 113/114   *Ehrengrab*

Landeseigener Heidefriedhof
Reißeckstraße 10

Otto Friedrich Burgemeister

Geb. 27. 05. 1883 in Riestedt, Kreis Sangerhausen · Gest.
31. 01. 1957
    Gemeindevorsteher
    1945 Oberbürgermeister von Marienfelde (SPD)
    1947–1957 Bezirksstadtrat
    Bürgermeister von Tempelhof
    1956 Stadtältester
Grab: E VII – 283/284   *Ehrengrab*

Arthur Degner

Geb. 02. 03. 1888 in Gumbinnen, Ostpreußen · Gest. 07. 03. 1972
Maler und Graphiker, Professor
1929 Dürer-Preis
Grab: E VIII – 42–43

Fritz Grantze

Geb. 07. 08. 1893 in Berlin · Gest. 13. 12. 1966
Mitbegründer der Industrie- und Handelskammer
Mitglied der SPD
1955 Mitglied des Abgeordnetenhauses
1964 Stadtältester
Grab: A VII – 447   *Ehrengrab*

Ole Jensen

Geb. 09. 10. 1924 in Berlin · Gest. 20. 07. 1977
Maler und Zeichner
Porträt-Karikaturen bekannter Personen
„Köpfe der Zeit", 1965
Grab: F VI – 43/44

Egon Kaiser

Geb. 28. 08. 1901 in Berlin · Gest. 13. 07. 1982
Dirigent
1929 Gründer des ersten Rundfunkorchesters
Grab: C III – 319

Alfred Menger

Geb. 12. 10. 1901 in Bromberg · Gest. 31. 07. 1979
Buchhändler
1945 Mitglied der SPD
1946 Bezirksverordnetenvorsteher in Tempelhof
1972 Stadtältester
Grab: H I – 229   *Ehrengrab*

Kurt Mürre

Geb. 20. 12. 1905 in Magdeburg · Gest. 14. 10. 1967
Maschinenbauschlosser
1956 Bezirksbürgermeister von Tempelhof
Grab: D II – 63

Fritz Wiesener

Geb. 01. 06. 1880 · Gest. 26. 03. 1929
Bürgermeister von Tempelhof
Grab: K III – 360/361   *Ehrengrab*

Kirchhof III der
Dreifaltigkeits-Gemeinde
Mariendorf, Eisenacher Straße 61

Ulrike Meinhof, verh. Röhl

Geb. 07. 10. 1934 in Oldenburg · gest. 09. 05. 1976 in Stuttgart-
Stammheim durch Freitod
Journalistin, später Mitglied der RAF ,,Rote-Armee-Fraktion"
Grab: Abtlg. A – 12 – 19

Kirchhof der Kirchengemeinde
,,Zum Heiligen Kreuz"
Mariendorf, Eisenacher Straße 62

Adolf Mast

Geb. 30. 07. 1873 in Grünenplan, Kreis Holzminden · Gest.
22. 06. 1967
Tiefbauingenieur, Bauunternehmer und Kommunalpolitiker
1910–1933 Gemeindeverordneter in Tempelhof
,,Von Bismarck bis Heuss"
Grab: G IV – 23 – 23   *Ehrengrab*

Ferdinand Meysel

Geb. 27. 04. 1858 · Gest. 26. 03. 1933
   Theaterdirektor
   („Sänger von Finsterwalde" am Dönhoffplatz)
Grab: C 9 – 1 – 14/15   *Ehrengrab*

Rudolf Karl Ludwig Wissell

Geb. 08. 03. 1869 in Göttingen · Gest. 13. 12. 1962
   Politiker
   1928–1930 Reichsminister für Wirtschaft und Arbeit
   1924–1932 Schlichter in Groß-Berlin und Brandenburg
   Ausbau der Sozial- und Arbeitslosenversicherung
   1949 Ehrenbürger der Stadt Berlin
Grab: Erbb. W – 9 – 105   *Ehrengrab*

Harry Woehleke

Geb. 26. 02. 1897 in Waldenburg, Schlesien · Gest. 28. 06. 1980
   Maler und Zeichner
   (Landschaften und Tiergemälde, Schauspielerporträts)
Grab: G I Hain – W 20

Kirchhof der ev. Kirchengemeinde Lichtenrade
Paplitzer Straße 10–24 und 23–31

Max Gülstorff

Geb. 23. 03. 1882 in Tilsit, Ostpreußen · Gest. 06. 02. 1947
   Staatsschauspieler, Theaterdirektor (Berlin, Wien)
   Filme: „Ein Glas Wasser", 1922
   „Liebling der Götter", 1930
   „Der zerbrochene Krug", 1937 u. v. a.
Grab: Abtlg. 16 – W 113   *Ehrengrab*

Paul Fechter

Geb. 14. 09. 1888 in Elbing · Gest. 09. 01. 1958
   Journalist, Schriftsteller
   Literarhistoriker
Grab: A. T. Abtlg. 22 aW – 197/198

Kirchhof der Christus-Gemeinde
Mariendorf, Mariendorfer Damm 223–227

Bruno Möhring

Geb. 11. 12. 1868 in Königsberg, Ostpreußen · Gest. 26. 03. 1929
   Architekt, Professor
   (Verbindung des Stahlbaus mit historischen Stilformen)
   „Millionenbrücke" am Gesundbrunnen
Grab: Abtlg. 2 – E – 17

Friedhof der St. Matthias-Gemeinde (Kath.)
Mariendorf, Röblingstraße 91

Eduard Bernoth

Geb. 01. 06. 1892 in Hochdünen, Kreis Niederung, Ostpreußen ·
Gest. 04. 01. 1972
   Kommunalpolitiker
   1919 Redakteur
   Mitglied der SPD
   1959–1963 Bezirksverordneter
   1963 Stadtältester
Grab: Am Berg – I – 209   *Ehrengrab*

Johannes Fest

Geb. 06. 02. 1889 in Ottorowo, Kreis Samter, Posen · Gest. 15. 09. 1960
Bezirksschulrat
1946 Mitbegründer des
,,Verbandes Katholischer Erzieher Berlins"
1948–1950 Bezirksverordneter (SPD)
1960 Stadtältester
1950 Orden ,,Pro Ecclesia et Pontifice"
Grab: Am Berg I – 54   *Ehrengrab*

Peter Hille

Geb. 11. 09. 1854 in Erwitzen, Kreis Höxter · Gest. 07. 05. 1904 in Groß-Lichterfelde (Unfall?)
Schriftsteller
Romane: ,,Semiramis", 1902
,,Kleopatra", 1905
Lyrik: ,,Aus dem Heiligtum der Schönheit"
Grab: Abtlg. 9 – Erbb. 4

Valentin Kieslinger

Geb. 14. 02. 1901 in Löbsau, Westpreußen · Gest. 09. 09. 1969
Jurist, Politiker
1951 Senator für Justiz
1958–1969 Mitglied des Bundestages (CDU)
Grab: 39 W – 4–5

Wolfgang Kühne

Geb. 30. 01. 1905 in Berlin · Gest. 17. 03. 1969
Schauspieler, Regisseur
Rezitator und Übersetzer
Übersetzung: ,,Der beständige Zeuge Gottes" von Leon Bloy
Grab: Abtlg. 5 – 1

134

Robert Müller

Geb. 29. 03. 1879 in Wien · Gest. 08. 02. 1968
    Schauspieler und Regisseur
Grab: Abtlg. 4 – I – 51

Carl Thiel

Geb. 09. 07. 1862 in Klein-Öls, Schlesien · Gest. 23. 07. 1939
in Wildungen
    Schul- und Kirchenmusiker, Professor
    Gründer des Berliner Madrigal-Chores
    1922 Direktor des Instituts für Kirchen- und Schulmusik
    1930 Direktor der Kirchenmusikschule in Regensburg
    „Loretto-Messe"
    „Bußpsalmen"
Grab: Rundstelle 9 – VI Gedenkstein

Bezirk Tiergarten

Gedenk- und Bildungsstätte
Stauffenbergstraße 14 (früher Bendlerstraße)
Hier wurden nach dem Attentat auf Hitler am 20. Juli 1944 standrechtlich erschossen:

Ludwig Beck

Geb. 29. 06. 1880 in Biebrich
1935 Chef des Generalstabs des Heeres. Bereits zu der Zeit
widersetzte er sich Hitlers Kriegsplänen
1938 Rücktritt während der Sudetenkrise
Beck wählte den Freitod

Claus Graf Schenk von Stauffenberg

Geb. 15. 11. 1907 in Jettingen
Stabschef des Befehlshaber des Ersatzheeres
Er führte das Attentat gegen Hittler durch

Friedrich Olbricht

Geb. 04. 10. 1888 in Leisnig, Sachsen
1935 Generalstabschef des IV. Armeekorps
1938–1940 Divisions-Kommandeur
Seit März 1940 Chef des Allg./ Heeresamtes

Albrecht Merz von Quirnheim

Geb. 25. 03. 1905 in München
Chef des Stabes des Heeresamtes

Werner Karl von Haeften

Geb. 09. 10. 1908 in Schwerin
Ordonnanzoffizier des Grafen Stauffenberg

Alle wurden auf dem Matthäus-Friedhof begraben. Jedoch nach wenigen Stunden exhumiert, verbrannt und ihre Asche auf den Rieselfeldern verstreut.

Zoologischer Garten
Hardenbergplatz 8 und Budapester Straße 24

Oskar A. Heinroth

Geb. 01. 03. 1871 in Kastel bei Mainz · Gest. 31. 05. 1945
   Leiter der Vogelwarte und Gründer des Aquariums (1911–1913)
   Direktor des Zoos und des Aquariums
Grabstelle im Zoo

Landeseigener Friedhof
Wilsnackerstraße/Alt-Moabit

Albrecht Haushofer

Geb. 07. 01. 1903 in München · Gest. 23. 04. 1945 (erschossen)
   Geopolitiker, Schriftsteller, Widerstandskämpfer
   1932 ,,Und so wird Pandorien regiert", Komödie; Römerdramen
   (mit Kritik am NatSoz.)
   Mitarbeiter des Auswärtigen Amtes
   1940 Professor für politische Geographie in Berlin
   1941 Entlassung
   Nach Teilnahme an Verschwörung 20. Juli 1944 verhaftet
   ,,Moabiter Sonette" (hrsg. 1946)
Grab: Letzte Reihe – rechte Mauer

Friedhof der St. Johannes-Gemeinde
(Moabit – Alter Kirchhof)
Alt-Moabit 24–25

Georg Christian Beussel

Geb. 10. 02. 1774 in Gatow · Gest. 22. 08. 1864
   Amtmann
   Gutsbesitzer auf Martinicke
   (West-Moabit; mit ausgedehnten Ländereien)
Grab: Hauptweg – rechte Seite

Bezirk Wedding

Gedenkstätte Plötzensee
(Hof der Strafanstalt für Jugendliche)
Hüttigpfad

Mahnmal mit der Inschrift:
,,Den Opfern
der Hitlerdiktatur
der Jahre 1933–1945"

Grundsteinurkunde des Professors E. Reuter
,,An dieser Stelle sind in den Jahren der Hitlerdiktatur von 1933–1945
Hunderte von Menschen wegen ihres Kampfes gegen die Diktatur für
Menschenrechte und politische Freiheit durch Justizmord ums Leben
gekommen. Unter diesen befanden sich Angehörige aller Gesell-
schaftsschichten und fast aller Nationen.
Berlin ehrt durch diese Gedenkstätte Millionen Opfer des Dritten Reiches, die wegen ihrer politischen Überzeugung, ihres religiösen Be-
kenntnisses oder ihrer rassischen Abstammung diffamiert, mißhan-
delt, ihrer Freiheit beraubt oder ermordet worden sind."

Erwin Job Wilhelm Georg Erdmann von Witzleben

Geb. 04. 12. 1881 in Breslau · Gest. 08. 08. 1944
    Generalfeldmarschall
    1942 vorzeitig in den Ruhestand
    Neben Beck der führende Kopf des militärischen Widerstandes
    08. 08. 1944 verurteilt und hingerichtet

Carl Friedrich Goerdeler

Geb. 31. 07. 1884 in Schneidemühl · Gest. 02. 02. 1945
1930 Oberbürgermeister von Leipzig
Seit 1939 führend in der Widerstandsbewegung tätig; maßgeblich an den Vorbereitungen und am 20. Juli 1944 beteiligt. Nach Sturz Hitlers als Reichskanzler vorgesehen. Am 08. 09. 1944 zum Tode verurteilt und am 02. 02. 1945 hingerichtet.

Hans Bernd von Haeften

Geb. 08. 12. 1905 · Gest. 15. 08. 1944
Diplomat
Legationsrat im Auswärtigen Amt
Dem „Kreisauer Kreis" zugehörig
20. 07. 1944 verurteilt und am 15. 08. hingerichtet
Bruder Werner v. H. Adjutant Stauffenbergs

Ulrich von Hassell

Geb. 12. 11. 1881 in Anklam · Gest. 08. 09. 1944
Diplomat
1932–1938 Botschafter in Rom
Entschiedener Gegner Hitlers
28. 07. 1944 verhaftet, am 08. 09. verurteilt und wenige Stunden danach hingerichtet
Bücher: „Vom anderen Deutschland" (Tagebücher 38–44)
„Im Wandel der Außenpolitik", 1943

Caesar von Hofacker

Geb. 11. 03. 1896 · Gest. 20. 10. 1944
Oberstleutnant d. R.
Prokurist
Bereitete schon 1943 militärischen Umsturz in Paris vor.
25. 07. 1944 verhaftet und am 30. 08. „als treibende Kraft" und „Haupt der Verschwörung in Paris" zum Tode verurteilt und am 20. 10. hingerichtet

Julius Leber

Geb. 16. 11. 1891 in Biesheim, Elsaß · Gest. 05. 01. 1945
Politiker (SPD) und Journalist
1921–1933 Chefredakteur des „Lübscher Volksboten"
1924–1933 Mitglied des Reichstags
1933–1937 KZ, dann Mitglied des „Kreisauer Kreises"
Enger Kontakt zum „Kreisauer Kreis"
05. 07. 1944 verhaftet, 24. 10. verurteilt und am 05. 01. 1945
hingerichtet

Wilhelm Leuschner

Geb. 15. 06. 1890 in Bayreuth · Gest. 29. 09. 1944
Bildhauer, Politiker (SPD)
1928–1930 hessischer Innenminister
1928–1932 Vorstandsmitglied der freien Gewerkschaften
Entschiedener Gegner Hitlers
08. 09. 1944 verurteilt und am 29. 09. hingerichtet

Helmuth James Graf von Moltke

Geb. 11. 03. 1907 in Kreisau, Schlesien · Gest. 23. 01. 1945
Jurist, Widerstandskämpfer
1933 Gründer des „Kreisauer Kreises" zum Sturze Hitlers und
des NS Regimes
1939 Sachverständiger für Völkerrecht im Oberkommando des
Heeres. (Großneffe von Helmuth Graf von Moltke)
23. 01. 1944 verhaftet, am 11. 01. 1945 zum Tode
verurteilt und am 23. 01. hingerichtet
„Letzte Briefe aus dem Gefängnis Tegel" (1975 veröffentlicht)

H. Eduard Johannes Popitz

Geb. 02. 12. 1884 in Leipzig · Gest. 02. 02. 1945
Finanzpolitiker
1933–Juli 1944 Preußischer Finanzminister
Zur Goerdeler-Gruppe gehörend
Am 21. 07. 1944 verhaftet und am 02. 02. 1945 hingerichtet

Kirchhof der Domkirchen-Gemeinde Berlin West

Müllerstraße 72–73

Albert Emil Brachvogel

Geb. 29. 04. 1824 in Breslau · Gest. 27. 11. 1878
Schauspieler, Schriftsteller und Dramatiker
„Narziß", Drama 1857
„Friedemann Bach", Roman 1858
Grab: Abtlg. 1 – 7 – 1   *Ehrengrab*

Bruno Doehring

Geb. 03. 02. 1879 · Gest. 16. 04. 1961
Theologe
1914–1961 Berliner Domprediger
Grab: Abtlg. III – II – 5 + 6

Carl Friedrich Leopold von Gerlach

Geb. 25. 08. 1757 in Halberstadt · Gest. 08. 06. 1813
Königlicher Präsident der Kurmärkischen Kriegs- und
Domänenkammer
Erster Oberbürgermeister von Berlin (1809–1813)
Grab: rechte Mauer I – 74–75   *Ehrengrab*

Heinrich Grüber

Geb. 24. 06. 1891 in Stolberg, Rheinland · Gest. 29. 11. 1975
Evangelischer Theologe, Professor
1933 zur Bekennenden Kirche
1946 Propst zu Berlin
„Leben an der Todeslinie", Predigten in Dachau (1965)
Grab: Abtlg. III – 5 – 12   *Ehrengrab*

Carl Richard Lepsius

Geb. 23. 12. 1810 in Naumburg · Gest. 10. 07. 1884
Ägyptologe

1842–1846 Expedition nach Ägypten und dem Sudan
1855 Mitbegründer und Direktor (1865)
des Ägyptischen Museums
Ritter des Ordens „Pour le mérite"
. „Denkmäler aus Ägypten und Äthiopien", 12 Bde. 1849–1858
Grab: linke Mauer – 5 – 57 *Ehrengrab*

Johann Friedrich August Merget

Geb. 17. 12. 1801 · Gest. 11. 07. 1877
Pädagoge, Seminarleiter
Grab: I a – 8 – 11 *Ehrengrab*

Kirchhof II der
Dorotheenstädtischen Gemeinde
Liesenstraße 9

Paul Busch

Geb. 22. 09. 1850 in Berlin · Gest. 28. 11. 1927
Zirkusdirektor
1884 Gründung des Zirkus in Svendburg, 1894 in Berlin

Barbara Sidonie Busch geb. Grabe Künstlername Konstanze

Gest. 1898
Parforcereiterin
2. Ehefrau von P. Busch

Paula Constance Busch

Geb. 07. 05. 1913 in · Gest. 18. 09. 1969
Zirkusdirektorin
„Das Spiel meines Lebens", 1957
Grab: Mausoleum A – SA

Paula Busch

Geb. 06. 12. 1884 Odense, Dänemark · Gest. 25. 06. 1973
Zirkusdirektorin
Constance und Paula B. Töchter von P. und B. Busch
Grab: Mausoleum A – SA

Georg Johann Kranzler

Geb. 25. 04. 1795 in Tautendorf b. Wien · Gest. 12. 12. 1866
Kgl. Hofkonditor
1825 Gründer Café Kranzler

Alfred Kranzler

Geb. 1843 · Gest. 1911
Sohn von G. J. Kranzler
Machte das Café Kranzler berühmt
Grab: Abtlg. G – 3 – 23–24

August Adolph Edmund Eberhardt Kundt

Geb. 18. 10. 1839 in Schwerin · Gest. 21. 05. 1894 in Israelsdorf
Experimentalphysiker (Kundtsche Röhre)
Grab: Abtlg. MHZ – 2 – 32 – 33   *Ehrengrab*

Otto Nicolai

Geb. 09. 06. 1810 in Königsberg, Ostpreußen · Gest. 11. 05. 1849
Dirigent und Komponist
Begründer der Wiener Philharmonie
Oper: ,,Die lustigen Weiber von Windsor", 1849
Grab: Abtlg. F – 3 – 19   *Ehrengrab*

Julius Raschdorff

Geb. 02. 07. 1810 in Pless, Oberschlesien · Gest. 13. 08. 1914
in Wald-Sieversdorf, Mark
Architekt, Professor
Neubau des Berliner Doms
Grab: MHZ – 2 – 6/7   *Ehrengrab*

Ernst Jacob Renz

Geb. 18. 05. 1815 in Böckingen bei Heilbronn · Gest. 03. 04. 1892
  Artist und Zirkusdirektor

Ehrengrab

Ehefrau:
Antonette Renz, geb. Aelmans

Geb. 30. 08. 1820 · Gest. 06. 12. 1896
  Artistin
Grab: MHZ – 1 – 25 – 28   *Ehrengrab*

Minna Schulze

Geb. 25. 12. 1883 in Berlin · Gest. 14. 03. 1953
  Artistin („Wasserminna")
Grab: bei Ehepaar Busch

Albrecht Schumann

Geb. 22. 02. 1858 · Gest. 15. 08. 1939
  Zirkusdirektor, Nachfolger von E. Renz

Ehrengrab

Ehefrau:
Clara Schumann

Geb. 19. 02. 1856 · Gest. 12. 08. 1928
  Schulreiterin
Grab: BHA – 13 – 14

Landeseigener Urnenfriedhof Seestraße
Seestraße 92–93

Rudolf Germer

Geb. 17. 04. 1884 · Gest. 18. 11. 1938
 Gartendirektor im Bezirk Wedding
Grab: Abtlg. II/1

Johannes Haasis, gen. Jonny Liesegang

Geb. 06. 10. 1897 in Berlin · Gest. 30. 03. 1961
 Schriftsteller und Illustrator (Humor)
 „Det fiel mir uff", 1938
 „Familie Pieselmann", 1942
Grab: Abtlg. II – 9 – 112

Friedrich Krüger

Geb. 03. 01. 1896 in Berlin · Gest. 15. 03. 1984
 Lehrer, Hauptschulrat
 Mitglied des Abgeordnetenhauses
 Vorsitzender Albert-Schweitzer-Kinderdorf Berlin e. V.
 1971 Stadtältester
Grab: Abtlg. II – 9 – 44   *Ehrengrab*

Carl Leid

Geb. 02. 12. 1867 in Arnstadt, Thüringen · Gest. 16. 01. 1937
 Redakteur
 Bürgermeister von Wedding
 1921–1933 Mitglied der USPD
 (Unabhängige Sozialdemokratische Partei Deutschland)
Grab: Abtlg. VIII – 5 – 165   *Ehrengrab*

Franz Possehl

Geb. 17. 01. 1904 in Wilhelmshaven · Gest. 22. 06. 1974
    Werkzeugmacher
    Mitglied der SPD
    1973 Stadtältester
Grab: Abtlg. VIII – 3 – 1   *Ehrengrab*

Gerhard Schlegel

Geb. 09. 11. 1903 in Breslau · Gest. 24. 04. 1983
    Ab 1945 Mitarbeiter beim Wiederaufbau der BEHALA
    1947–1962 Mitglied der Bezirksverordnetenversammlung
    1965–1972 Präsident des Berliner Sportvereins
    1973 Stadtältester
Grab: Abtlg. VIII – 3 – 193   *Ehrengrab*

Der 17. Juni 1953

Horst Bernhagen   Geb. 16. 03. 1932 · Gest. 17. 06. 1953

Edgar Krawetzke   Geb. 16. 03. 1933 · Gest. 17. 06. 1953

Gerhard Santura   Geb. 06. 05. 1934 · Gest. 17. 06. 1953

Gerhard Schulze   Geb. 08. 09. 1911 · Gest. 18. 06. 1953

Rudi Schwander   Geb. 03. 08. 1938 · Gest. 17. 06. 1953

Werner Sendsitzky   Geb. 17. 06. 1937 · Gest. 17. 06. 1953

Ehrengräber der sechs Männer, die am 17. Juni 1953 den Tod fanden
Grabstätten: Abtlg. II – 9 – 1–6   *Ehrengräber*

Landeseigener Friedhof Wedding
(Krematorium)
Gerichtstraße 37–38

Siegfried Ochs

Geb. 19. 04. 1858 in Frankfurt/Main · Gest. 06. 02. 1929
Komponist und Chordirigent, Professor
1882 Begründer des Philharmonischen Chores
Lieder, Duette und Klavierstücke
,,Erinnerungen", Geschichten, 1922
Grab: Abtlg. III – 5 – 115   *Ehrengrab*

Rudolf Antonius Heinrich Platte

Geb. 12. 02. 1908 in Dortmund · Gest. 18. 12. 1984
Volksschauspieler
ca. 200 Filmrollen
Man nannte ihn: ,,Langspielplatte"
1966 Berliner Kunstpreis
Grab: Abtlg. A7 UW – 126

Hugo Preuß

Geb. 28. 10. 1860 in Berlin · Gest. 09. 10. 1925
Jurist und Politiker
1918 Mitbegründer der Deutschen Demokratischen Partei
1919 Minister des Inneren
Verfasser des Entwurfs für die Weimarer Reichsverfassung
,,Gemeinde, Staat und Reich als Gebietskörperschaften", 1889
Grab: G – III – 7 – 29/30   *Ehrengrab*

Louis Touaillon

Geb. 07. 09. 1862 in Berlin · Gest. 21. 02. 1919
Bildhauer, Schüler von R. Begas
,,Amazone zu Pferde" (Bronze), 1895
Grab: V – 1 – 141

August von Wassermann

Geb. 21. 02. 1866 in Bamberg · Gest. 16. 03. 1925
Mediziner und Bakteriologe
,,Wassermannsche Reaktion" (Blutreaktion auf Syphilis)
1913 Leiter des Kaiser-Wilhelm-Instituts für experimentelle
Therapie
Grab: Urnenhalle, Erdgeschoß links, Säulenplatz 21   *Ehrengrab*

St. Johannis-Kirchhof II
Seestraße 126

Emil Jacobsen

Geb. 03. 07. 1836 in Danzig · Gest. 11. 02. 1911
Pharmazeut
(Vorbild für ,,Dr. Havelmüller" im Roman ,,Leberecht Hühnchen"
von H. Seidel)
Grab: Abtlg. U – 15 – 11

Berliner Hafen- und Lagerhaus-Betrieb (BEHALA)
(Eigenbetrieb von Berlin)
Westhafenstraße 1

Friedrich Krause

Geb. 01. 03. 1896 in Uggehnen, Kreis Königsberg · Gest.
11. 08. 1925
Ingenieur, Stadtbaurat
Erbauer des Westhafens
1924 Stadtältester
Grab: Die Urne hinter der Mauer, zwischen 1. und 2. Etage

Kirchhof der
St. Philippus-Apostel-Kirchengemeinde
Müllerstr. 44–45

August Wittler

Geb. 25. 11. 1881 in Steinhagen, Mecklenburg · Gest. 20. 02. 1946
in Sachsenhausen (ehem. KZ)
    Bäckermeister
    Mitbegründer der Wittler-Brotfabrik
Grab: Abtlg. G – 7 Erbb.

Heinrich Wittler

Geb. 30. 10. 1866 in Steinhagen · Gest. 06. 01. 1936
    Bäckermeister
    Mitbegründer der Wittler-Brotfabrik
Grab: Abtlg. G – 7 Erbb.

Kirchhof der Sophien-Gemeinde
Freiewalder Straße 19 b

Otto Gebühr

Geb. 29. 05. 1877 in Kettwig, Ruhr · Gest. 13. 03. 1954
    Schauspieler
    Stummfilm: ,,Fridericus Rex" 1922
    Tonfilm: ,,Der große König" 1942

Ehefrau:
Doris Krüger-Gebühr

Geb. 29. 11. 1913 · Gest. 17. 08. 1950
    Schauspielerin am Deutschen Theater
Grab:

Robert-Koch-Institut
Nordufer 20

Robert Koch

Geb. 11. 12. 1843 in Clausthal · Gest. 27. 05. 1910 in Baden-Baden,
in Clausthal begraben u. 1912 Urne nach Berlin überführt
  Mediziner, Bakteriologe
  Wirkl. Geh. Medizinal Rat, Exzellenz
  1882 Entdeckung des Tuberkulosebakteriums
  1883 Entdeckung des Choleraerregers
  1890 Ehrenbürger von Berlin
  1905 Nobelpreis für Medizin

Bezirk Wilmersdorf

Landeseigener Friedhof Wilmersdorf
(Krematorium)
Berliner straße 81–103

Wilhelm Baumann

Geb. 11. 06. 1897 in Dortmund, Westfalen · Gest. 15. 05. 1978
Mitbegründer der CDU (26. 06. 1945)
Grab: Abtlg. A 7 – 4 – 1/2

Peter Behrens

Geb. 14. 04. 1868 in Hamburg · Gest. 27. 02. 1940
Architekt („Neue Sachlichkeit"), Graphiker, Industriedesigner,
Professor
1903–1907 Leiter der Kunstgewerbeschule, Düsseldorf
1907–1911 Künstler. Berater der AEG
Seine Schüler, Gropius, Mies van der Rohe, Corbusier
Turbinenmontagehalle der AEG, 1909
Deutsche Botschaft in Petersburg, 1912
Grab: Urnenhalle Raum 16 – Wand A – Reihe IV

Georg Christian Blisse

Geb. 24. 01. 1823 · Gest. 30. 12. 1905

Amalie Auguste Blisse

Geb. 17. 09. 1845 · Gest. 20. 08. 1907
Altes Wilmersdorfer Bauerngeschlecht
Stiftung eines Waisenhauses, Wilhelmsaue
Grab: A 7 West – 96/97   *Ehrengrab*

Otto Hauser

Geb. 27. 04. 1874 in Wädenswil, Kanton Zürich, Schweiz · Gest. 19. 06. 1932

Vorgeschichtsforscher in der Dordogne
1908 Entdeckung des Moustier-Menschen
1909 in Süd-Frankreich, Depart Garoune,
Entdeckung des Aurignac-Menschen
„Der Mensch von 100000 Jahren", 1917

Grab: C 2 – – 20

Victor Janson

Geb. 12. 09. 1884 in Riga · Gest. 28. 06. 1960

Schauspieler und Regisseur
„Der Walzerkönig", 1930
„Die große Liebe", 1942
„Figaros Hochzeit", 1949
„Der Bettelstudent", 1931 (Regie)

Grab: C 14 – 16 – 2/3

Leon Jessel

Geb. 22. 01. 1871 in Stettin · Gest. 04. 01. 1942 (in Gestapo-Haft verhungert)

Komponist
„Das Schwarzwaldmädel", 1917

Grab: C 8 – 16a – 23

Heinrich Kühn

Geb. 16. 11. 1894 in Tirschenreuth, Bayern · Gest. 02. 05. 1981

Mitglied der SPD und Leiter der Volkshochschule
in Charlottenburg
1959 Bezirksstadtrat für Finanzen
1967 Stadtältester

Grab: E 3 – UR – 317   *Ehrengrab*

Wilhelm Külz

Geb. 18. 02. 1875 in Borna bei Leipzig · Gest. 10. 04. 1948
Oberbürgermeister, erst in Bückeburg, dann in Zittau
1926–1927 Reichsinnenminister
(Zensurgesetz ,,Schmutz und Schund")
1931 Oberbürgermeister von Dresden
1945 Gründer der LDP (Liberal Demokratische Partei) in der Sowjetzone
Grab: A 9 – Familien-St. – 113

Hans Lietzmann

Geb. 02. 03. 1875 in Düsseldorf · Gest. 25. 06. 1942 in Locarno
Evangelischer Theologe, Kirchenhistoriker, Professor
Verbindung der modernen Religionsgeschichte zur klassischen
Philologie und Archäologie
,,Handbuch zum N.T. (23 Abteilungen)", 1906 u.a.
Grab: A 8 – 69

Theo(dor) Mackeben

Geb. 05. 01. 1897 in Stargard · Gest. 10. 01. 1953
Komponist
Zunächst Pianist und Kapellmeister
Neufassungen bekannter Operetten (Die Dubary)
Besonders bekannt durch seine Filmmusiken (Bel ami)
Grab: A 5 – UW – 118

Will Meisel (Wilhelm)

Geb. 17. 09. 1897 in Berlin · Gest. 29. 04. 1967 in Mühlhausen,
Baden-Baden
Komponist und Musikverleger
Operette: ,,Königin einer Nacht", 1943
Tonfilm: ,,Polterabend", 1939/40
Grab: C 11 – 1 – 1/2/3

Otto Ostrowski

Geb. 28. 01. 1883 · Gest. 19. 06. 1963
  Kommunalpolitiker
  05. 12. 1946–17. 04. 1947 Oberbürgermeister von Berlin
Grab: D I – FSt. 1 – 6

Kurt Pomplun

Geb. 29. 07. 1910 in Berlin · Gest. 05. 08. 1977
  Heimatforscher
  ,,Kutte kennt sich aus", 1970
  ,,Berlin – und kein Ende", 1976
Grab: B 1 – UW – 53   *Ehrengrab*

Friedrich Schröder

Geb. 06. 08. 1910 in Naefels, Schweiz · Gest. 25. 09. 1972
  Komponist
  ,,Ich tanze mit dir in den Himmel hinein", 1934
  (Tonfilm: ,,Sieben Ohrfeigen")
  ,,Hochzeitsnacht im Paradies", 1942
Grab: C 3 – 3 – 16–17

Rolf Schwedler

Geb. 25. 03. 1914 in Berlin · Gest. 13. 02. 1981
  Ingenieur, Kommunalpolitiker (SPD)
  1955–1972 Senator für Bau- und Wohnungswesen
  1973–1976 Mitglied des deutschen Bundestages
  1972 Ernst-Reuter-Plakette
Grab: D 10 – UW 2 – 4a   *Ehrengrab*

Christian Heinrich Seeling

Geb. 01. 10. 1852 in Zeulenroda · Gest. 15. 02. 1932
  Architekt, Professor

1907 Stadtbaurat in Charlottenburg
Theater am Schiffbauerdamm und die Städtische Oper (jetzt:
Theater des Westens)
Grab: A 1 – Urnenwahlst. – 4   *Ehrengrab*

Hans Stüwe

Geb. 14. 05. 1901 in Marnitz/Mecklenburg · Gest. 13. 05. 1976
Schauspieler, Regisseur und Schriftsteller
Grab: D 2 – UW – 40

Walter Suessenguth

Geb. 08. 02. 1900 in Berlin · Gest. 28. 04. 1964
Schauspieler und Regisseur
,,Stützen der Gesellschaft", 1935
,,Das Herz einer Königin", 1940
,,Die Entlassung", 1942
Grab: E 5 – UW – 217

Guido Thielscher

Geb. 10. 09. 1859 in Königshütte, Oberschlesien · Gest. 01. 07. 1941
in Bad Salzbrunn, Schlesien
Schauspieler (Komiker)
,,Erinnerungen eines alten Komödianten", 1938
Grab: D 3 – 1 – 8/10   *Ehrengrab*

Hildegard Wegscheider, geb. Ziegler

Geb. 02. 09. 1871 in Berlin · Gest. 04. 04. 1953
Pädagogin, Schulreformerin
Grab: C 7 – 3 – 12   *Ehrengrab*

Hans Wallenberg

Geb. 17. 11. 1907 in Berlin · Gest. 13. 04. 1977
Journalist
1937 Emigration (USA)
1946 Herausgeber und Chefredakteur der „Neue Zeitung"
1962 Generalbevollmächtigter von Axel Springer für die Ullstein GmbH
1964–1967 Initiator der Propyläen-Kunstgeschichte
Grab: (Oberirdische Beisetzung – Columbarium – Raum 10 – auß. 53b)

Fedor C.M.H.A. von Zobeltitz

Geb. 05. 10. 1857 auf Spiegelberg, Provinz Brandenburg · Gest. 10. 02. 1934
Schriftsteller
1897–1909 Herausgabe der „Zeitschrift für Bücherfreunde"
Romane: „Gasthaus zur Ehe", 1907
„Märkischer Sand"
Grab: Urnenhalle, Kreuzgang, Wand B – 123   *Ehrengrab*

Landeseigener Friedhof Grunewald
Bornstedter Straße 11–12

Alfred Blaschko

Geb. 03. 03. 1858 in Freienwalde an der Oder · Gest. 26. 03. 1922
Arzt für Hautkrankheiten, Professor
Sexualforscher
1902 Generalsekretär der Deutschen Gesellschaft für Geschlechtskrankheiten
„Syphilis und Prostitution vom Standpunkt der öffentlichen Gesundheitspflege", 1893
Grab: Abtlg. V – Garten 22

Hans G. L. Delbrück

Geb. 11. 11. 1848 in Bergen auf Rügen · Gest. 14. 07. 1929
   Historiker
   Geh. Regierungsrat
   Herausgeber der „Preußische Jahrbücher"
   „Geschichte der Kriegskunst im Rahmen der politischen
   Geschichte", 7 Bde., 1900–1936
   1882–1885 Mitglied des preußischen Abgeordneten-Hauses
   (freikonserv.)
   1884–1890 Mitglied des Reichstags
Grab: Abtlg. III – 1 – 9/10

Bernhard Dernburg

Geb. 17. 07. 1865 in Darmstadt · Gest. 14. 10. 1937
   Staatswissenschaftler, Politiker
   1906 Direktor der Kolonialabteilung des Auswärtigen Amtes
   1907–1910 Staatssekretär im Reichskolonialamt
   1919 Reichsfinanzminister und Vizekanzler
   1919–1930 Mitglied des Reichstags (Deutsche Demokratiche
   Partei)
Grab: Abtlg. III – 17 – Erbb.

Ernst Dernburg-Calow

Geb. 04. 04. 1887 in Halle, Saale · Gest. 04. 07. 1960
   Schauspieler, Spielleiter (besonders erfolgreich in
   Wedekind- und Strindberg-Aufführungen)
   Film: „Tanz auf dem Vulkan", 1938
   „Der große König", 1942
Grab: Abtlg. IV – 15 – Erbb.

Friedrich Dernburg

Geb. 03. 10. 1833 in Mainz · Gest. 03. 12. 1911
   Schriftsteller

Journalist und Publizist
Reichstagsabgeordneter (nationalliberal)
Redakteur des „Berliner Tageblatt"
Grab: Abtlg. III – Erbb. – 9–15

Carl Paul Goerz

Geb. 21. 07. 1854 in Brandenburg · Gest. 14. 01. 1923
Optiker, Konstrukteur
Gründer der Optischen Werke in Friedenau und Zehlendorf
Grab: Abtlg. Ia – UW – 52   *Ehrengrab*

Oskar Hertwig

Geb. 21. 04. 1849 in Friedberg, Hessen · Gest. 25. 10. 1922
Mediziner (Anatom) und Biologe, Professor
Direktor des anatomisch-biologischen Instituts (Zellforschung)
„Das Werden der Organismen", 1916
Grab: V – Garten – 36/37

Otto Lessing

Geb. 24. 02. 1846 in Düsseldorf · Gest. 22. 12. 1912
Bildhauer und Maler
1886 Goldene Medaille auf der Berliner Ausstellung
„Bauornamente Berlins", 1878
Grab: Selbstgeschaffene Grabstele unter der Linde
Abtlg. IV.

Hermann Amadeus Schwarz

Geb. 25. 01. 1843 in Hermsdorf, Kreis Waldenburg · Gest.
30. 11. 1921
Mathematiker
Bedeutende Arbeiten zur Funktionstheorie
„Gesammelte mathematische Abhandlungen", 2 Bde., 1902
Grabß Abtlg. IV – 2 – 86/87

Hermann Sudermann

Geb. 30. 09. 1857 in Matziken, Memelland · Gest. 21. 11. 1928
in Blankensee bei Berlin.
Schriftsteller
Schauspiele: „Ehre", 1889; „Heimat", 1893
Roman: „Frau Sorge", 1887

Ehrengrab

Clara Sudermann

Geb. 14. 02. 1861 · Gest. 17. 10. 1924
Schriftstellerin
Ehefrau von Hermann Sudermann
Grab: Abtlg. V – G – 58/59

Landeseigener Friedhof Schmargendorf
Misdroyer Straße 51–53

Amelie Beese-Boutard

Geb. 13.09. 1886 in Laubengast bei Dresden · Gest. 21. 12. 1925
Erste deutsche Fliegerin eines Motorflugzeuges
Mitbegründerin einer Flugschule
Grab: Abtlg. L – 2 – 73   *Ehrengrab*

Hildegard Cornelsen, geb. Friedrichs

Geb. 10. 10. 1905 in Berlin · Gest. 10. 12. 1981 in Hamburg
Graphikerin und Schulbuch-Autorin
Grab: Abtlg. S – Sonder – 33/34

Bruno Fritz

Geb. 04. 03. 1900 in Berlin · Gest. 12. 06. 1984
Schauspieler, Kabarettist („Die Insulaner")
1973 Ernst-Reuter-Plakette
Grab: Abtlg. F – 3 – 19/20

Georg Lange

Geb. 15. 08. 1883 in Schlawa, Kreis Freystadt, Niederschlesien ·
Gest. 14. 05. 1964
  Jurist, Kommunalpolitiker
  1945/46 Bürgermeister in Krausnick, später Bezirksverordneter
  in Wilmersdorf
  Stadtkämmerer
  1958 Stadtältester
Grab: Abtlg. H – 59 a/b   *Ehrengrab*

Max Hermann Pechstein

Geb. 31. 12. 1881 in Zwickau · Gest. 29. 09. 1955
  Graphiker, Maler, Glasmaler und Bildhauer
  1906 Mitglied der Künstlergruppe ,,Die Brücke"
  Mitbegründer der ,,Sezession"
  Seit 1945 Lehrer an der Akademie der Künste in Berlin
  1954 Kunstpreis der Stadt Berlin
Grab: A – 1   *Ehrengrab*

Richard Scheibe

Geb. 19. 04. 1879 in Chemnitz · Gest. 06. 10. 1964
  Bildhauer, Maler
  Denkmal des 20. 07. 1944 (Bendlerblock 1953)
  Ehrenbürger seiner Heimatstadt
Grab: Abtlg. A – 1 a   *Ehrengrab*

Landeseigener Friedhof Grunewald-Forst
Im Jagen 135

Clemens Laar

Geb. 15. 08. 1906 in Berlin · Gest. 17. 06. 1960 (Freitod)
  Schriftsteller

„Meines Vaters Pferde", 1951
1937 Deutscher Jugendpreis
Grab: Abtlg. II – 4 – 66

Harald Sawade

Geb. 16. 01. 1916 · Gest. 28. 12. 1967
Schauspieler und Regisseur
Grab: Abtlg. III – an der Mauer 20 b

Willi Schulz

Geb. 31. 10. 1881 · Gest. 20. 11. 1928
Oberförster im Grunewald
Grab: Abtlg. II – an der Mauer 11   *Ehrengrab*

Willi Wohlberedt

Geb. 29. 07. 1878 in Berlin · Gest. 26. 08. 1950 in Wieck auf Dars
Grabstättenforscher
„Grabstätten bekannter Persönlichkeiten in Groß-Berlin
und Potsdam"
Grab: Abtlg. II – 3 – 51–52   *Ehrengrab*

Bezirk Zehlendorf

Botanischer Garten
Dahlem, Königin-Luise-Straße 6−8
Unter den Eichen

Friedrich Althoff

Geb. 19. 02. 1839 in Dinslaken · Gest. 20. 10. 1906
Preußischer Politiker, Jurist
Wirklicher Geheimer Oberregierungsrat
Direktor im Kultus-Ministerium
Ausbau der Universität und Unterstützung der Vergrößerung und
Neuanlage des Botanischen Gartens in Dahlem

Ludwig Diels

Geb. 24. 09. 1874 in Hamburg · Gest. 30. 11. 1945
Botaniker, Professor
1921−1928 Direktor
1928−1945 General-Direktor des Botanischen Gartens
und des Botanischen Museums
,,Die Pflanzenwelt West-Australiens", 1906
,,Pflanzengeographie", 1908

Adolf Engler

Geb. 25. 03. 1844 in Sagan · Gest. 10. 10. 1930
Botaniker, Professor
1889−1921 Direktor des Botanischen Gartens und des Botani-
schen Museums
Seit 1881 Herausgeber der Botanischen Jahrbücher
,,Die Pflanzenfamilien" (1887 ff.)

Georg August Schweinfurth

Geb. 29. 12. 1836 in Riga · Gest. 19. 09. 1925
Botaniker, Geograph und Afrika-Forscher, Privatgelehrter
Seit 1873 zahlreiche Forschungen in NO-Afrika und Arabien
Grabstelle im Botanischen Garten in Würdigung seiner Verdienste

Ignatius (Ignaz) Urban

Geb. 07. 01. 1848 in Warburg, Westfalen · Gest. 07. 01. 1931
Botaniker, Professor
1889–1913 Unterdirektor am Botanischen Garten
(Verlegung des Gartens von Schöneberg nach Dahlem)
1887–1906 „Flora Brasiliensis"
Offizier des Brasilianischen Rosenordens

Erich Werdermann

Geb. 02. 03. 1892 in Berlin · Gest. 19. 04. 1959 in Bremen
Botaniker, Professor
1955–1958 Direktor des Botanischen Gartens und Museums,
sowie Direktor des Instituts für systematische Botanik
und Pflanzengeographie der Freien Universität
Hauptarbeitsgebiet: Kakteen und andere Sukkulenten

Kirchhof der St. Annen-Gemeinde
Dahlem, Königin-Luise-Straße 55

Käthe Branco, geb. Helmholtz

Geb. 22. 06. 1850 · Gest. 25. 04. 1877
Tochter des Physikers H. v. Helmholtz
Nach Wort aus ihrem Grabspruch Wandervogel-Bewegung
benannt
Grab: rechts an der Mauer

Rudi Dutschke

Geb. 07. 03. 1940 in Schönefeld, Mark · Gest. 24. 12. 1979 in Aarhus,
Dänemark
Soziologe
1967/68 Führer der Studentenbewegung (APO) in Berlin
1968 durch Attentat schwerverletzt
Grab: Reihe 28 – 3

Edwin Redslob

Geb. 22. 09. 1884 in Weimar, Thüringen · Gest. 26. 01. 1973
Kunsthistoriker, Professor
Reichskunstwart
1945–1948 Lizenzträger „Der Tagesspiegel"
Mitgründer der Freien Universität Berlin und deren erster Rektor
Mitbegründer „Berlin Museum"
Grab: Reihe 26 – 6   *Ehrengrab*

Dietrich Schäfer

Geb. 16. 05. 1845 in Bremen · Gest. 12. 01. 1929
Historiker, Professor
Schüler von W. Treitschke
Grab: Reihe 12 – 12

Friedrich Schmidt-Ott

Geb. 04. 06. 1860 in Potsdam · Gest. 28. 04. 1956
　　Politiker
　　1917/18 Preußischer Kultusminister
　　1920–1934 Präsident der Notgemeinschaft der deutschen
　　Wissenschaft
　　,,Erlebtes und Erstrebtes 1860–1950'', 1951
　　1951 Großkreuz des Zivilverdienstordens von Bulgarien
Grab: Reihe 26 –

Walter Schmieding

Geb. 12. 12. 1928 in Beuthen, Schlesien · Gest. 16. 05. 1980
　　Journalist, Redakteur
　　Vize-Präsident des P. E. N.-Clubs
　　1968–1972 Leitung der Berliner Festwochen
Grab: Reihe 19 – 11

Max Sering

Geb. 18. 01. 1857 in Barby · Gest. 12. 11. 1939
　　Nationalökonom
　　1922 Gründung des ,,Deutsches Forschungsinstitut für
　　Agrar- und Siedlungswesen''
　　Hauptwerk: ,,Die innere Kolonisation im östlichen Deutschland'',
　　1893
Grab: Reihe 6 – 3

Kirchhof der ev. Kirchengemeinde Berlin-Nikolassee
Kirchweg 8–12

Johannes Blau

Geb. 14. 03. 1923 in Berlin · Gest. 20. 01. 1983
　　Mitglied des Philharmonischen Orchesters (Violine)
　　(auch im Bastian-Quartett)
Grab: Q I – 3/4

Theo von Brockhusen

Geb. 16. 07. 1882 in Marggrabowa, Ostpreußen · Gest. 20. 04. 1919
   Maler märkischer Landschaften
   Präsident der Berliner Sezession
   1912 Villa-Romana-Preis
Grab: Fam.-St. 47

Walter Conrad

Geb. 30. 01. 1892 in Barby, Elbe · Gest. 09. 07. 1970
   Jurist, Politiker
   1922 Preußischer Justiz-, dann Innenminister
   1951 Senator für das Gesundheitswesen und
   1953/54 zugleich Bürgermeister von Berlin (FDP)
   Buch: ,,Der Kampf um die Kanzel'', 1957
   ,,Erinnerungen und Dokumente aus der Hitlerzeit''
Grab: DWst. – H – 33–34

Julius Dahlke

Geb. 28. 06. 1891 in Berlin · Gest. 14. 09. 1951 in Seefeld, Tirol
   Konzertpianist
   Professor für Kirchen- und Schulmusik an der Staatlichen
   Akademie
   20 Jahre Leiter des Dahlke-Trios
Grab: EWst. – M – 23

Ferdinand Friedensburg

Geb. 17. 11. 1886 in Schweidnitz, Schlesien · Gest. 11. 03. 1972
   Bergbaufachmann und Politiker, Professor
   1920 Mitglied der Deutschen Demokratischen Partei
   1927–1933 Regierungspräsident in Kassel
   1945 Mitbegründer der CDU in der SBZ
   1946–1950 Stellvertretender Oberbürgermeister von Berlin

1950 Stadtverordneter
1952–1965 Mitglied des Abgeordnetenhauses,
Domherr von Berlin
,,Berlin – Schicksal und Aufgabe"
Grab: Fam. 10/11   *Ehrengrab*

Richard Friedenthal

Geb. 09. 06. 1896 in München · Gest. 19. 10. 1979 in Kiel
Schriftsteller
Biographien: Händel 1959, Goethe 1963,
Luther 1967, Hus 1972
Grab: Urne b. H. Soetmeer C 2 – 49–50   *Ehrengrab*

Jochen Klepper

Geb. 22. 03. 1903 in Beuthen, Oder · Gest. 11. 12. 1942 (Freitod)
Theologie-Studium,Schriftsteller
1927 christliche Pressearbeit
1933 wegen seiner Frau (Jüdin) vom Rundfunk entfernt
,,Der Vater", 1937
Tagebuch: ,,Unter dem Schatten deiner Flügel", 1956
Gedichte
Kirchen-Lieder: ,,Die Nacht ist vorgedrungen"
Grab: 2 DV St. 1/4

Kurt Kluge

Geb. 29. 04. 1886 in Leipzig · Gest. 26. 07. 1940 Eben-Emael
bei Lüttich
Bildhauer, Erzgießer und Schriftsteller
1921 Professur für Erzgießerei, Berlin
(Büsten von Dehmel und Nikisch)
,,Der Herr Kortüm", 1938
,,Die Zaubergeige", 1940
Grab: Fam.-St. 64

170

Werner Kniehahn

Geb. 12. 06. 1895 in Naumburg · Gest. 14. 02. 1967
Ingenieur, Professor
Erfindungen auf dem Gebiet feinmechanischer Technik
(Büro- und Lochkartenmaschinen)
Ehrensenator der TU
Grab: Fam.-St. 70

Hans Koch

Geb. 16. 08. 1893 in Bartenstein, Ostpreußen · Gest. 24. 04. 1945
Rechtsanwalt
Aktiv in der Widerstandsbewegung
Verteidiger von Pastor Niemöller
Grab: Fam.-St. 107
(Teile des Marmors aus dem Denkmal des Großen Kurfürsten)

O.W. Eduard Kohlrausch

Geb. 04. 02. 1874 in Darmstadt · Gest. 22. 01. 1948
Strafrechtslehrer und Rechtsphilosoph, Professor
Pour le mérite (Friedensklasse)
Bücher: ,,Trunksucht und Trunkenheit im
Strafgesetzentwurf", 1910
,,Sterilisation und Strafrecht", 1932
Grab: DWst. – P I – 11–12

Hermann Kretzschmar

Geb. 19. 01. 1848 in Olbernhaud, Erzgebirge · Gest. 12. 05. 1924
Musikforscher
1887–1904 Universitätsmusikdirektor und Dozent
für Musikgeschichte in Leipzig

1909 Direktor der Musikhochschule in Berlin
„Führer durch den Konzertsaal", 1887–1890
Grab: DW ST. – A I – 19/20

Hugo von Krottnaurer

Geb. 28. 11. 1851 in Nikolassee · Gest. 05. 04. 1915
Direktor der Heimstätten A.G.
Mitbegründer der Villenkolonie Nikolassee
Grab: Fam.-St. 19

Hermann Muthesius

Geb. 20. 04. 1861 in Großneuhausen bei Weimar · Gest. 26. 10. 1927
Architekt, Kunstschriftsteller, Geheimrat
Landhäuser, Funkstation Nauen
„Das englische Haus", 1904/05
Grab: Fam.-St. 83   *Ehrengrab*

Karl Scharfenberg

Geb. 03. 03. 1874 in Wismar, Mecklenburg · Gest. 08. 01. 1938
Ingenieur, Erfinder der automatischen Kupplung
1921 Gründung der „Scharfenbergkupplung AG"
Grab: C II – 3/44

Erich Schmidt

Geb. 12. 05. 1897 in St. Gallen, Schweiz · Gest. 22. 05. 1952
Verleger
1924 Gründung des Erich Schmidt Verlages
Germanistik, Rechtswesen
Grab: DWst. – Qu – V – 17–18

Axel Caesar Springer

Geb. 02. 05. 1912 in Altona · Gest. 22. 09. 1985
Verleger

Zeitungen u. Zeitschriften: Hör zu, Bild, Die Welt, BZ
Buchverlag: Ullstein
Grab: Ecke Kirchweg und Pfeddersheiner Weg

Alfred Stölowsky

Geb. 17. 05. 1875 · Geb. 26. 07. 1968
Mediziner, Professor
Assistent von Robert Koch (Tätigkeit in der Bekämpfung der
Pocken in Afrika)
Grab: DWst OV – 27/28

Adolf Strube

Geb. 31. 07. 1894 in Halberstadt · Gest. 06. 04. 1973
Kantor und Organist
1934–1945 Dozent für Musikerziehung an der Akademie
für Kirchen- und Schulmusik
Seit 1945 Verlagsleiter des C. Merseburger-Verlags
Herausgeber von Schul- und Chorbüchern
Grab: Fam.-St. 92

Robert Tillmann

Geb. 05. 04. 1896 in Barmen · Gest. 12. 11. 1955
1945 Mitbegründer der CDU
1954 1. Vorsitzender des Landerverbandes Berlin
1953 Bundesminister für besondere Aufgaben
Grab: 2 DWst – P III – 75/78

Friedrich Trendelenburg

Geb. 24. 05. 1844 in Berlin · Gest. 15. 12. 1924
Chirurg, Professor

1908 Plan zur operativen Behandlung der Lungenembolie,
Spezialist für Halsoperationen und plastische Gesichtschirurgie
Grab: Fam.-St. 45

Theodor Rudolf Wenzel

Geb. 13. 01. 1895 in Grünberg, Schlesien · Gest. 06. 10. 1954
Kirchenrat und Direktor
1916 schwerverwundet aus dem Heer entlassen
1927 Geschäftsführer der Inneren Mission
1936 Erwerb des Sanatoriums Waldhaus
1953 Ausbau einer Villa in Schwanenwerder
1954 Gründung des ,,Wichernwerkes''
(nach W.s Tod: Theodor-Wenzel-Werk)
Grab: DWst – QV – 41/42

Landeseigener Friedhof Wannsee
Friedenstraße 2–14

Lothar Blanvalet

Geb. 12. 08. 1910 in Berlin · Gest. 17. 01. 1980
Verleger
1936 Gründung des Buchverlags
Erstes Buch nach dem 2. Weltkrieg: ,,Moabiter Sonette'' von
Albrecht Haushofer
Grab: Abtlg. 1 – W – 125/126

Gustav Hartmann (Der ,,Eiserne Gustav'')

Geb. 23. 04. 1859 in Berlin · Gest. 23. 12. 1938
Droschkenkutscher
02. 04. 1928 Beginn der Fahrt mit seiner alten Droschkenkutsche
nach Paris und zurück
Grab: Abtlg. 9 – 7   *Ehrengrab*

Hans Poelzig

Geb. 30. 04. 1869 in Berlin · Gest. 14. 06. 1936

Architekt, Ingenieur, Professor
1919 Vorsitzender des Deutschen Werkbundes
1920 Leiter eines Meisterateliers der Preußischen Akademie der Künste
1918/19 Umbau des Großen Schauspielhauses,
1929–1931 Haus des Rundfunks
1929/30 Bau der Berliner Messehallen
1932 Präsident der Preußischen Akademie
Grab: Abtlg. 9 W – 31/32   *Ehrengrab*

Landeseigener Waldfriedhof Dahlem
Hüttenweg 47

Gottfried Benn

Geb. 02. 05. 1886 in Mansfeld, Westpriegnitz · Gest. 07. 07. 1956
Arzt und Dichter (Lyrik, Novellen, Dramen)
1932 Mitglied der Preußischen Akademie der Künste
1951 Georg-Büchner-Preis
Grab: Abtlg. 27 – W – 31/32   *Ehrengrab*

Olaf Bienert

Geb. 13. 09. 1910 in Gleiwitz · Gest. 23. 09. 1967
Pianist und Komponist (Film- und Funkmusik)
,,Die Rückblende", ,,Die Insulaner"
Grab: Abtlg. 31 C – 79

Hans-Otto Borgmann

Geb. 20. 10. 1901 in Hannover · Gest. 26. 07. 1977
Komponist (Filmmusik), Professor
Grab: Abtlg. 24 F – 14

Albert Th. Joh. K. Brackmann

Geb. 24. 06. 1871 in Hannover · Gest. 17. 03. 1952
Historiker
1929–1936 Generaldirektor der preußischen Staatsarchive
Herausgeber der Papsturkunden
,,Germania pontificia", 4 Bde., 1910–1927
Grab: Abtlg. 26 – U – 23

Carl Erich Correns

Geb. 19. 09. 1864 in München · Gest. 14. 02. 1933
Botaniker, Professor
Direktor des Kaiser-Wilhelm-Instituts für Biologie
Nachweis 1914 der Vererbungslehre von Mendel
,,Die Vererbung und Bestimmung des Geschlechts", 1913
Grab: Abtlg. 4 – F – 22   *Ehrengrab*

Franz Anton Dischinger

Geb. 08. 10. 1887 in Heidelberg · Gest. 09. 01. 1953
Bauingenieur, Konstrukteur, Professor
Pionier des Stahlbetonbaues, Entwicklung des Stahlbetonschalenbaus
Forschungsarbeiten auf dem Gebiet der Hänge- und
vorgespannten Stahlbrücken.
Grab: Abtlg. 29 – B – 12   *Ehrengrab*

Werner Wolfgang Friedrich Eisbrenner

Geb. 02. 12. 1908 in Berlin · Gest. 07. 11. 1981
Komponist und Dirigent
,,Beim ersten Mal, da tut's noch weh", Pausenzeichen SFB
Grab: 20 D – 17–18

Georg Adolf Erman

Geb. 31. 10. 1854 in Berlin · Gest. 26. 06. 1937

Ägyptologe, Professor
Direktor des Ägyptischen Museums
Begründer der modernen Philologie des alten Ägypten
,,Neuägyptische Grammatik", 1888 und 1933
Grab: Abtlg. 16 – AC – 28/29   *Ehrengrab*

Ludwig Fulda

Geb. 15. 07. 1862 in Frankfurt am Main · Gest. 30. 03. 1939
(Selbstmord)
   Schriftsteller, Lyriker und Übersetzer
   1889 Mitbegründer der ,,Freie Bühne"
   ,,Das Recht der Frau", 1888
   ,,Die Karriere", 1932
   ,,Der Talisman", 1892, Märchenkomödie
Grab: Abtlg. 17 – U – 33   *Ehrengrab*

O. E. Hasse (Otto Eduard)

Geb. 11. 07. 1903 in Obersitzko, Possen · Gest. 12. 09. 1978
   Schauspieler
   Bühnentätigkeit vor allem in München und Berlin
   Tonfilme: ,,Canaris", 1954
   ,,Entscheidung im Morgengrauen", 1956
   1973 Ernst Reuter Plakette
Grab: Abtlg. 23 a – 7   *Ehrengrab*

Heinz Heinrich Hentschke

Geb. 20. 02. 1895 in Berlin · Gest. 09. 07. 1970
   Librettist, Regisseur, Schauspieler
   1934–1944 Direktor des Metropol-Theaters und zugleich
   1940 des Admiralspalastes
Grab: Abtlg. 24 E – 16a + 16b

Ursula Herwig eigtl. Braut

Geb. 12. 07. 1935 · Gest. 04. 12. 1977, Tod im Landwehrkanal
Schauspielerin, Kabarettistin
(u. a. bei den „Stachelschweinen")
Grab: Abtlg. 29 – B – 22

Karl Christian Ludwig Hofer

Geb. 11. 10. 1878 in Karlsruhe · Gest. 03. 04. 1955
Maler und Graphiker
1919–1936 Hochschule für Bildende Künste
1945 Direktor der Hochschule für Bildende Künste
Grab: Abtlg. 16 – F – 2a + b   *Ehrengrab*

Julius Katona

Geb. 17. 07. 1902 in Klausenburg, Siebenbürgen · Gest. 14. 03. 1977
Kammersänger (erst Bariton, später Tenor)
Grab: Abtlg. 21 – 191/192

Max Kaus

Geb. 11. 03. 1891 in Berlin · Gest. 05. 08. 1977
Maler, Professor
(Lehrer: der „Brücke-Maler" Erich Heckel)
1945 Lehrer an der Hochschule für Bildende Künste
Grab: Abtlg. 26 – 227/228

Otto Kermbach

Geb. 29. 03. 1882 in Berlin · Gest. 17. 06. 1960
Kapellmeister mit eigener Kapelle
Grab: Abtlg. 10 J – 4/5   *Ehrengrab*

Hildegard (Hilde) Gertrud Lilly Körber

Geb. 03. 07. 1906 in Wien · Gest. 31. 05. 1969

Schauspielerin, Regisseurin, Schriftstellerin und Leiterin der
Max-Reinhardt-Schule
Filme: ,,Robert Koch", 1937
,,Der Teufel in Seide", 1956
Bücher: ,,Du meine Welt", 1946
1946–1951 Mitglied des Abgeordnetenhauses für die CDU
Grab: Abtlg. 20 B – 1/2

Horst Korber

Geb. 16. 03. 1927 in Stadtroda bei Jena · Gest. 02. 07 1981
Politiker.
1963 Unterhändler mit Ost-Berlin wegen Passierscheinen
1967 Senator für Familie, Jugend und Sport
1975–77 Senator für Arbeit und Soziales
1977–79 Senator für Bundesangelegenheiten
Mitglied des Abgeordnetenhauses (SPD)
1979 Präsident des Landessportbundes Berlin
Grab: Abtlg. 30 B – 56

Hanns Hermann Korngiebel

Geb. 25. 07. 1902 in Berlin · Gest. 18. 07. 1969
Oberspielleiter im Rias
Dramaturg am Theater am Kurfürstendamm
Grab: Abtlg. 2 – U – 38

Heinrich Lüders

Geb. 25. 06. 1869 in Lübeck · Gest. 07. 05. 1943 in Badenweiler
Indologe, Sanskritforscher, Professor
Bearbeiter und Herausgeber von Sanskrithandschriften
,,Bruchstücke buddhistischer Dramen", 1911
Grab: Abtlg. 17 E – 6

Wolfgang Jakob Ludwig Franz **Lukschy**

Geb. 19. 10. 1905 in Berlin · Gest. 12. 07. 1983
  Schauspieler
  Synchronsprecher u. a. für John Wayne
Grab: Abtlg. 1a U – 70

Helene (Leny) Marenbach

Geb. 20. 12. 1919 in Essen · Gest. 26. 01. 1984
  Schauspielerin, Filmschauspielerin
  1938 „Der Mustergatte" m. H. Rühmann
Grab: Abtlg. 28 – U – 87

Ilse Molzahn, geb. Schwollmann

Geb. 20. 06. 1895 in Kowalewo, Posen · Gest. 15. 12. 1981
  Journalistin, Erzählerin, Hörspielautorin
  „Der schwarze Storch", 1936 (1976 Fernsehfilm)
  Gedicht-Zyklus: „Dieses Herz will ich verspielen"
Grab: Abtlg. 21 – 168 – 70

Erich Mühsam

Geb. 06. 04. 1878 in Berlin · Gest. 11. 07. 1934 (im KZ Oranienburg)
  Politischer Schriftsteller (Mitarbeiter u. a. beim „Simplizissimus")
  1919 Monatsschrift „Kain"
  Mitglied der Münchener Räteregierung, 6 Jahre Festungshaft
  Drama: „Staatsräson", 1928
  Flugschriften, Manifeste u. a. politische Schriften
Grab: Abtlg. 2 – A – 144

Rudolf Nelson, eigtl. Lewysohn

Geb. 08. 04. 1878 in Berlin · Gest. 05. 02. 1960
  Komponist Musikal. Arrangements großer Revuen der zwanziger Jahre, (Revuen, Chansons)
Grab: Abtlg. 7 A – 13   *Ehrengrab*

Otto Siegfried Pniower

Geb. 23. 05. 1859 in Gleiwitz, Oberschlesien · Gest. 17. 03. 1932
Literarhistoriker, Professor
Direktor des Märkischen Museums
Grab: Abtlg. 3 U – 7   *Ehrengrab*

Kurt Raeck

Geb. 30. 07. 1903 in Berlin · Gest. 10. 07. 1981
Theaterdirektor, Intendant ,,Theater-Professor",
Direktor des Schiller-Theaters bei Heinrich George,
nach 1945–1980 Intendant des Renaissance-Theaters
Grab: Abtlg. 27 Ud – 356

Paul Ronge

Geb. 26. 11. 1901 in Königsberg, Ostpreußen · Gest. 23. 11. 1965
Rechtsanwalt und Notar, Strafverteidiger,
Mitglied des Abgeordnetenhauses (FDP)
Grab: Abtlg. 22 C – 17/18

Bernd Rosemeyer

Geb. 14. 10. 1909 in Lingen, Ems · Gest. 28. 01. 1938, tödlich
verunglückt nahe Frankfurt/M
Rennfahrer (der Auto-Union)
1936 Großer Preis von Deutschland und Italien
Grab: Abtlg. 11 – Fam. 4a   *Ehrengrab*

Wolfgang Rothkegel

Geb. 20. 03. 1919 in Berlin · Gest. 24. 12. 1981
Kommunalpolitiker
Bezirksbürgermeister von Zehlendorf
Grab: Abtlg. 30 A – 1/2

Heinrich Sahm

Geb. 12. 09. 1877 in Anklam, Polen · Gest. 01. 10. 1939 in Oslo
  1931–1935 Oberbürgermeister von Berlin und
  1936–1939 Gesandter in Oslo
Grab: Abtlg. 11 – B – 6   *Ehrengrab*

Karl Schmidt-Rottluff

Geb. 01. 12. 1884 in Rottluff bei Chemnitz · Gest. 10. 08. 1976
  Maler und Graphiker
  Mitbegründer der Künstlervereinigung „Die Brücke"
  1947 Lehrauftrag an der Akademie der Künste
  1951 Preis des Verbandes deutscher Kritiker
  1961 Ehrenpreis der Stadt München
  „Pour le mérite" (Friedensklasse)
Grab: Abtlg. 10 – E – 11/12   *Ehrengrab*

Hans Kurt Willi Schmiljan

Geb. 06. 11. 1901 in Wilhelmshaven · Gest. 07. 03. 1961
  Kommunalpolitiker (SPD)
  1951–1954 Bezirksstadtrat
  1955–1961 Senator für Gesundheitswesen
Grab: Abtlg. 10 – F – 3   *Ehrengrab*

Walter Carl Rudolf Schreiber

Geb. 10. 06. 1884 in Pustleben, Grafschaft Hohenstein, Provinz
Sachsen · Gest. 30. 06. 1958
  Rechtsanwalt, Politiker
  1945 Mitbegründer der CDU in der Sowjetischen Besatzungs-
  zone
  22. 10. 1953–11. 01. 1955 Regierender Bürgermeister von
  Berlin
Grab: Abtlg. 16 – F – 1 a/1 b   *Ehrengrab*

Franz Schreker

Geb. 23. 03. 1878 in Monaco · Gest. 21. 03. 1934
Komponist
Opern: „Der ferne Klang", 1912
„Die Gezeichneten", 1918
1918 Direktor der Hochschule für Musik
Grab: Abtlg. 10 – A – 6   *Ehrengrab*

Johannes Schultze

Geb. 13. 05. 1881 · Gest. 02. 10. 1976
Historiker, Professor
Staatsarchivrat
„Mark Brandenburg", 5 Bde., 1960–1968
Grab: Abtlg. 28 – 12 – 13   *Ehrengrab*

Ulrich-Wilhelm Graf Schwerin von Schwanenfeld

Geb. 21. 12. 1902 in Kopenhagen · Gest. 08. 09. 1944 Plötzensee
(hingerichtet)
Widerstandskämpfer
Seit 1934 in der Widerstandsbewegung gegen die
Nationalsozialisten , führendes Verbindungsglied zwischen
militär. und zivilen Widerstandskreisen
Am 20. 07. 1944 verhaftet und zum Tode verurteilt
Grabstelle: Abtlg. 10 A – 11 (Symbolische Gedenkstätte)
                                                    Ehrengrabstelle

Renée Sintenis

Geb. 20. 03. 1888 in Glatz, Schlesien · Gest. 22. 04. 1965
Bildhauerin, Professorin
Tierplastiken, Porträts und Radierungen
1932 Olympia-Preis für Nurmi-Statue
1948 Kunstpreis der Stadt Berlin
1952 „Pour le mérite" (Friedensklasse)
Grab: Abtlg. 24 – B – 12   *Ehrengrab*

Werner Sombart

Geb. 09. 01. 1863 in Ermsleben am Harz · Gest. 18. 05. 1941
Volkswirtschaftler und Soziologe
„Der moderne Kapitalismus", 2 Bde., 1902
„Der proletarische Sozialismus" 2 Bde., 1924
„Vom Menschen", 1938
Grab: Abtlg. 22 – B – 32/33

Willy Stiewe

Geb. 27. 06. 1900 in Berlin · Gest. 1971
Journalist, Kommunalpolitiker
1951–1954 Bezirksstadtrat
1955–1965 Bezirksbürgermeister von
Zehlendorf
Grab: Abtlg. 10 – G – 11/13   *Ehrengrab*

Otto Theuner

Geb. 03. 08. 1900 in Görlitz · Gest. 29. 01. 1980
Kommunalpolitiker (SPD)
1955–1957 Senator für Verkehr und Betriebe
1963–1966 Innensenator und Bürgermeister von Berlin
1955–1971 Mitglied des Abgeordnetenhauses
Grab: Abtlg. 24 – A – 1c + d

Matthias Walden eigtl. Otto Eugen Wilhelm Baron von Saß,

Geb. 16. 05. 1927 in Dresden · Gest. 17. 11. 1984
Journalist
1956–80 Stellv. Chefredakteur beim SFB
1980 Geschäftsführer Axel Springer Verlag
Grab: Abtlg. 31 – D – 19/20/21

Gerhart von Westerman

Geb. 19. 09. 1894 in Riga, Estland · Gest. 14. 02. 1963
   Schriftsteller und Komponist
   1939–1945, 1952–1959 Intendant der Berliner Philharmoniker
   1957–1963 Begründer und Lehrer der Berliner Festwochen
   „Knaurs Konzertführer", 1951
   Oper: „Prometheische Phantasie", 1960
Grab: Abtlg. 22 – A – 83

Theodor Wiegand

Geb. 30. 10. 1864 in Bendorf am Rhein · Gest. 19. 12. 1936
   Archäologe, Leiter der Ausgrabungen in Kleinasien
   1911–1931 Leiter der Antikenabteilung der Berliner Museen
   1930 Einrichtung des Pergamon-Museums
Grab: Abtlg. 4 B – 17–18

Wolfgang Wohlgemuth

Geb. 16. 06. 1906 in Leipzig · Gest. 06. 05. 1978
   Frauenarzt,
   Gemeinsam mit Sauerbruch Arbeit in der Krebsforschung
Grab: Abtlg. 27 – Ud. 63

Walter Wunderlich

Geb. 25. 02. 1899 in Greifswald · Gest. 07. 08. 1965
   Baßbariton
   Opernsänger und Rezitator
Grab: Abtlg. 23 – B – 156

Landeseigener Friedhof Dahlem
Königin-Luise-Straße 57

Paul Hermann Bildt

Geb. 19. 05. 1885 in Berlin · Gest. 17. 03. 1957
Schauspieler
Stummfilm: ,,Friedrich Schiller", 1923
Tonfilme: ,,La Habanera", 1937
,,Ludwig II.", 1955
Grab: Abtlg. 21 – W – 89–90

Horst Caspar

Geb. 20. 01. 1913 in Ramdegast, Anhalt · Gest. 27. 12. 1952
Schauspieler, jugendlicher Held
(Bochum, München, Berlin, Wien, Düsseldorf)
Hamlet, Prinz v. Homburg
Tonfilm: ,,Friedrich Schiller", 1939/40
Grab: Abtlg. 15 – 20–21   *Ehrengrab*

Albrecht von Le Coq

Geb. 08. 09. 1860 in Berlin · Gest. 21. 04. 1930

Archäologe, Forscher, Professor
Direktor des Völkerkundemuseums
Leiter der deutschen Turfanexpeditionen
Grab: Abtlg. 28 – 25–26   *Ehrengrab*

Hermann Diels

Geb. 18. 05. 1848 in Biebrich am Rhein · Gest. 04. 06. 1922
Altphilologe, Professor
1882 Mitglied der Preußischen Akademie der Wissenschaft
,,Fragmente der Vorsokratiker", 3 Bde., 1903
Grab: Abtlg. 22 – 12–14   *Ehrengrab*

Käthe Dorsch

Geb. 29. 12. 1890 in Neumarkt, Oberpfalz · Gest. 25. 12. 1957
in Wien
  Schauspielerin (1919–1940 Berlin, 1940 Burgtheater Wien)
  Tonfilme: ,,Yvette", 1936
  ,,Komödianten", 1941
(Hier steht nur ein Denkmal. Die Grabstelle befindet sich in Bad Saarow-Pieskow, Arnstadt.)
Denkmal Abt. 27 W 813

Richard Draemert

Geb. 24. 06. 1880 in Ouatzow, Kr. Schlawe · Gest. 05. 08. 1957
  Stukkateur, Kommunalpolitiker
  1920 Mitglied der SPD und Stadtverordneter
  1945 wieder politisch tätig
  1955 Stadtältester
Grab: Abtlg. 16 – 51/54   *Ehrengrab*

Else Ehser

Geb. 22. 11. 1894 in Leipzig · Gest. 19. 03. 1968
  Schauspielerin (Schiller- und Schloßpark-Theater)
Grab: Abtlg. 15 – 28

Egon Endres

Geb. 09. 09. 1902 in Koblenz · Gest. 05. 08. 1983
  Jurist, Rechtsanwalt
  1946 Mitbegründer der CDU in Zehlendorf
  Fraktionsvorsitzender im Abgeordnetenhaus
  Vizepräsident des Parlaments
  1973 Stadtältester
Grab: Abtlg.   *Ehrengrab*

August Gaul

Geb. 22. 10. 1869 in Großanheim b. Hanau · Gest. 18. 10. 1921
   Bildhauer (Tierplastiken), Schüler v. R. Begas
Grab: Abtlg. 16 – 32/33   *Ehrengrab*

Clemens Hasse

Geb. 13. 04. 1908 in Königsberg · Gest. 28. 07. 1959 in New York
   Schauspieler
   1920 in Berlin, nach dem Zweiten Weltkrieg Schloßpark-Theater
   Tonfilm: ,,Berliner Ballade", 1948
Grab: Abtlg. 23 – 3

Hans Herzfeld

Geb. 22. 06. 1892 in Halle, Saale · Gest. 16. 05. 1982
   Historiker, Professor
   (durch Friedrich Meinecke an die Berliner FU berufen)
   ,,Johannes von Miquel", 2 Bde., 1938/39
   ,,Die moderne Welt 1789–1945", 1950
   ,,Biographisches Lexikon der Weltgeschichte", 1970
   1967 Ernst-Reuter-Plakette
Grab: Abtlg. 21 – W– 64

Werner Heinz Alfons Hinz

Geb. 18. 01. 1903 in Berlin · Gest. 10. 02. 1985 in Hamburg
   Schauspieler
   1974 Ernst-Reuter-Plakette
Grab: Abtlg. 24 – W – 63–64

Lucie Höflich, eigtl. Holwede

Geb. 20. 02. 1883 in Hannover · Gest. 09. 10. 1956

Schauspielerin, 1903–1932 Berlin (M. Reinhardt)
1947 Leiterin der „Max-Reinhardt-Schule"
1956 Max Reinhardt Ring
Grab: Abtlg. 15 – 26   *Ehrengrab*

Jacobus Henricus van't Hoff

Geb. 30. 08. 1852 in Rotterdam, Niederlande · Gest. 01. 03. 1911
   Niederländischer Physikochemiker
   1896 Professur an der Friedrich Wilhelms Universität
   van't Hoffsche Kegel für die Reaktionsgeschwindigkeit
   Mitbegründer der Stereochemie
   1901 Nobelpreis für Chemie
   „Ansichten über die organische Chemie", 2 Bde., 1878/81
Grab: Abtlg. 9 – 1   *Ehrengrab*

Lilli Lehmann, eigtl. Kalisch-Lehmann

Geb. 24. 11. 1848 in Würzburg · Gest. 17. 05. 1929
   Kammersängerin (Sopran), 1876 Bayreuth
   170 Rollen in 119 Opern auf deutsch, französisch und italienisch
   „Meine Gesangskunst", 1902
   „Mein Weg", 1913
Grab: Abtlg. 31 – 35   *Ehrengrab*

Johann Ludwig Leichner

Geb. 30. 03. 1836 in Mainz · Gest. 10. 04. 1912
   Bariton und bedeutender Wagner-Sänger (Raphael Carlo)
   1873 „Parfümerie Theatrale", Entwicklung der Theaterschminke

Siegfried Leichner

Geb. 01. 04. 1889 in Berlin · Gest. 31. 01. 1962
   Leichner-Kosmetik
Grab: Mausoleum – Abtlg. 10 – 1 + 2

Ralph Lothar, eigtl. Lothar Pfeiffer

Geb. 29. 07. 1910 in Berlin · Gest. 13. 10. 1981
Schauspieler und Regisseur
Nach 1945 Schiller- und Schloßpark-Theater
Autor von Fernsehspielen
Leitung der „Tribüne", Lehrauftrag für Regie an der FU
Grab: Abtlg. 29 – U – 9

Friedrich Meinecke

Geb. 30. 10. 1862 in Salzwedel · Gest. 06. 02. 1954
Historiker
Straßburg, Freiburg, 1948 Mitbegründer der Freien Universität
und erster gewählter Rektor
„Weltbürgertum und Nationalstaat" 1908
„Die deutsche Katastrophe", 1946
Grab: Abtlg. 31 – W – 17–18   *Ehrengrab*

Rotraut Richter

Geb. 13. 05. 1915 in Berlin · Gest. 01. 10. 1947
Schauspielerin („Berliner Jöre")
Tonfilme: „Das Veilchen vom Potsdamer Platz", 1937
„Meiseken", 1938
Grab: Abtlg. 4 – 13/14/15   *Ehrengrab*

Johann Ferdinand Schrey

Geb. 19. 07. 1850 in Elberfeld · Gest. 02. 10. 1938
Stenograph
Mitbegründer des Systems Stolze-Schrey
1928 „Volksverkehrs-Kurzschrift"
Grab: Abtlg. 18 – 49–50

Ernst Stahl-Nachbaur, eigtl. Guggenheim

Geb. 06. 03. 1886 in München · Gest. 13. 05. 1960
    Schauspieler (Schiller-Theater)
    Stummfilm: ,,Alles fürs Geld", 1923
    Tonfilm: ,,Der große Schatten", 1943
Grab: Abtlg. 14 – 49

Annemarie Steinsieck-Schragslau

Geb. 21. 09. 1889 · Gest. 29. 08. 1977
    Schauspielerin
    1907 Schauspielhaus am Gendarmenmarkt
    Tonfilme: ,,Ariane", 1931
    ,,Opfergang", 1944
Grab: Abtlg. 15 – W – 24

Werner Stock

Geb. 20. 10. 1903 in Berlin · Gest. 30. 04. 1972
    Schauspieler
    ,,Endspiel" von S. Beckett im Schiller-Theater
    Tonfilme: ,,Tango Notturno", 1937
    ,,Die schwedische Nachtigall", 1942
Grab: Abtlg. 23a – 13

Heinrich Vockel

Geb. 14. 06. 1892 in Aufhausen, Bayern · Gest. 22. 01. 1968
    Finanzrat, Bundesbankpräsident
    Bevollmächtigter der Bundesrepublik Deutschland in Berlin
Grab: Abtlg. 16 – W – 35–36

Elsabeth Karoline Auguste Kühl-Wagner

Geb. 24. 01. 1881 in Reval, Estland · Gest. 17. 08. 1975
    Schauspielerin

Staatl. Bühnen Berlin Staatsschauspielerin
Ernst Reuter Plakette
Grab: Abtlg. 6 – W – 30

Otto Warburg

Geb. 08. 10. 1883 in Freiburg i. Br. · Gest. 01. 08. 1970
  Biochemiker, Professor
  1930 Direktor des Kaiser-Wilhelm-Instituts für Zellforschung
  1931 Nobelpreis für Medizin und Physiologie
  1971 Ernst Reuter Plakette
Grab: Abtlg. 23 – 124–125   *Ehrengrab*

Aribert Wäscher

Geb. 01. 12. 1895 in Flensburg · Gest. 14. 12. 1961
  Schauspieler
  Staatl. Bühnen Berlin
  Tonfilme: ,,Amphitryon", 1935
  ,,Es war eine rauschende Ballnacht", 1939
  Buch: Das ist das Schönste an der Frau
  Verheiratet mit Gudrun Genest
Grab: Abtlg. 25 – U – 10

Walter Werner

Geb. 11. 04. 1883 in Görlitz · Gest. 08. 01. 1956
  Schauspieler
  1919 von Leopold Jeßner an das Berliner Staatstheater berufen
  Tonfilm: ,,Ehe im Schatten", 1947
Grab: Abtlg. 22 W – 49–50

Hugo Werner-Kahl

Geb. 05. 08. 1882 · Gest. 17. 03. 1961
  Schauspieler, Spielleiter, Bühnenlehrer
  1927 Leiter der Schauspielschule des Deutschen Theaters

Hans Thomas Zehrer

Geb. 22. 06. 1899 in Berlin · Gest. 23. 08. 1966
  Publizist
  1923–1931 Vossische Zeitung
  1929–1933 ,,Die Tat"
  1932–1933 ,,Tägliche Rundschau"
  nach dem Zweiten Weltkrieg ,,Die Welt" in Hamburg
  ,,Der Mensch in dieser Welt", 1948
Grab: Abtlg. 1 – W – 49/50

Landeseigener Waldfriedhof Zehlendorf
Potsdamer Chaussee 75–77 und Wasgensteig

Otto Bach

Geb. 22. 12. 1899 in Stuttgart · Gest. 28. 07. 1981
Kommunalpolitiker (SPD)
1950–1953 Senator für Sozialwesen
1954–1957 Direktor des Sender Freies Berlin
1969 Stadtältester
,,Rudolf Wissell" (Biographie)
Grab: VI W – 117/118   *Ehrengrab*

Günther Max Birkenfeld

Geb. 09. 03. 1901 in Cottbus · Gest. 22. 08. 1966
Schriftsteller, Verlagslektor
1945 Mitbegründer des
,,Kampfbund gegen Unmenschlichkeit"
Lizenzträger und Herausgeber der Zeitschrift ,,Horizont"
,,Dritter Hof, links", 1929
Grab: XIX – R. – 568

Boris Blacher

Geb. 06. 01. 1903 in Newchwang, China · Gest. 30. 01. 1975
Komponist
1953–1970 Direktor der Hochschule für Musik (Berlin)
Opern: ,,Die Flut", 1946
,,Die Nachtschwalbe", 1947
,,Preußisches Märchen", 1950
1973 Ernst-Reuter-Plakette
Grab: I U – 831   *Ehrengrab*

Hermann Dannenberg, Pseudonym Eric Reger

Geb. 08. 09. 1893 in Bendorf, Rheinland · Gest. 10. 05. 1954
Schriftsteller
1945 Mitbegründer, Herausgeber und Chefredakteur „Der Tagesspiegel"
„Union der festen Hand", 1931 (Kleist-Preis)
„Kinder des Zwielichts", 1940
Grab: VI W – 107/108/109/110

Fritz Eberhard, eigtl. Hellmuth Freiherr von Rauschenplatz

Geb. 02. 10. 1898 in Dresden · Gest. 29. 03. 1982
Politiker, Publizist
Staatssekretär
1937 Emigration
1949 SPD-Delegierter des Parlament. Rates zur Gestaltung des Grundgesetzes der Bundesrepublik Deutschland
1949–1958 Intendant des Süddeutschen Rundfunks
„Help Germany to Revolt", 1940
Grab: I W – 265a + b

Fritz Genschow

Geb. 15. 05. 1905 in Berlin · Gest. 21. 06. 1977
Schauspieler, Regisseur, Filmproduzent
25 Jahre in der Rolle des „Onkel Tobias vom Rias Berlin"
Gemeinsam mit Reneé Stobrawa das Kindertheater
1963 Brüder Grimm Preis
Grab: XIV W – 440a

Karl Hartung

Geb. 02. 05. 1908 in Hamburg · Gest. 19. 07. 1967
Bildhauer, Professor an der Hochschule für Bildende Künste
Grab: XXI W – 698/99/700

Willy Friedrich Heinrich Henneberg

Geb. 07. 05. 1898 in Berlin · Gest. 17. 09. 1961
    Ingenieur
    1950 Mitglied des Abgeordnetenhauses (SPD)
    1948 Stadtverordneter und MdA
Grab: XIV W – 567/569/570   *Ehrengrab*

Paul Hertz

Geb. 26. 06. 1888 in Worms/Rhein · Gest. 23. 10. 1961
    Kommunalpolitiker (SPD)
    1951–1953 Senator für Marshall-Plan und Kreditwesen
    1953–1955 Bevollmächtigter für das Kreditwesen
    Senator für Wirtschaft und Kreditwesen
    1932–1957 Ehrenring des Berliner Handwerks
Grab: VI W – 200a + 200b   *Ehrengrab*

Martin Hirthe

Geb. 13. 02. 1921 in Kassel · Gest. 09. 08. 1981
    Schauspieler
    20 Jahre am Schiller-Theater
    Synchronsprecher von Orson Welles und Bud Spencer
Grab: VIII W – 170/71

Albert Johann Karl Horlitz

Geb. 25. 08. 1882 in Alt-Kessel, Kr. Grünberg · Gest. 24. 12. 1972
    Kommunalpolitiker
    Abgeordneter
    1945 Bezirksbürgermeister von Charlottenburg
    1957 Stadtältester
Grab: III U – 757/578   *Ehrengrab*

Kurt Ihlenfeld

Geb. 26. 05. 1901 in Colmar, Elsaß · Gest. 25. 08. 1972

Schriftsteller
1933–1943 Herausgeber der Zeitschrift „Eckart"
1963 Mitglied des Deutschen „PEN"-Clubs
1968 Literatur-Preis der Stadt Berlin
„Der Schmerzensmann", 1949
„Wintergewitter", 1951
„Kommt wieder, Menschenkinder", 1954
Grab: XIII W – 459/460

Jakob Kaiser

Geb. 08. 02. 1888 in Hammelburg/Unterfranken · Gest. 07. 05. 1961
Politiker
Seit 1912 führend in den christl. Gewerkschaften
26. 06. 1945 Mitbegründer der CDU in der SBZ und bis
1947 deren Vorsitzender
1949–1957 Bundesminister für gesamtdeutsche Fragen
1958 Ehrenbürger der Stadt Berlin
Grab: XIV W – 1/2/3/4/5   *Ehrengrab*

Elfriede Kaiser-Nebgen

Geb. 11. 04. 1890 in Hildesheim · Gest. 22. 10. 1983
Mitbegründerin der CDU
Grab: XIV W – 4/1/2/3/4

Helmut Käutner

Geb. 25. 08. 1908 in Düsseldorf · Gest. 20. 04. 1980 in Castellina
(Provinz Chianti), Italien
Regisseur, Schauspieler, Kabarettist, Bühnenbildner und
Drehbuchautor
Regie „Romanze in Moll", 1943
„Des Teufels General", 1955 u. v. a.
Grab: III U – 7   *Ehrengrab*

Arthur Kistenmacher

Geb. 28. 06. 1882 in Stettin · Gest. 29. 07. 1965
Kammersänger (Tenor)
Grab: XIV W – 463/464

Günter Klein

Geb. 11. 09. 1900 in Stargard, Pommern · Gest. 22. 10. 1963
Senator für Bundesangelegenheiten
Mitglied des deutschen Bundestages (SPD)
Grab: XVIa – U – 20/21/22/23   *Ehrengrab*

Gustav Adolf Karl Klingelhöfer

Geb. 16. 10. 1888 in Metz · Gest. 16. 01. 1961
1934–1945 Mitinhaber der Photogramm-Gesellschaft G. und
C. Klingelhöfer
1946 Leiter der Abtlg. Wirtschaft des Magistrats von Groß-Berlin
1951 Stadtrad für Wirtschaft (SPD)
1958 Stadtältester
Grab: VI W – 199 a/b c   *Ehrengrab*

Hermine Körner

Geb. 30. 05. 1878 in Berlin · Gest. 14. 12. 1960
Schauspielerin, Regisseurin, Theaterleiterin und Pädagogin
1955 Mitglied der Akadamie der Künste
Filme: ,,Friedemann Bach", 1941
,,Tragödie einer Leidenschaft", 1941
Grab: II U – 650

Otto Richard Landsberg

Geb. 20. 03. 1892 in Berlin · Gest. 28. 02. 1964
Politiker
1946–1950 Stadtverordneter
Direktor der Hochschule für Politik

Mitglied der CDU, später SPD
Grab: XVIII W – 1/2/3 *Ehrengrab*

Annedore Leber, geb. Rosenthal

Geb. 18. 03. 1904 in Berlin · Gest. 28. 10. 1968
Ehefrau von Julius Leber (05. 01. 1945 hingerichtet)
Mitglied des Abgeordnetenhausese (SPD)
1945 Lizenzträgerin des „Telegraf"
Verlagsleiterin (Mosaik)
1954 „Das Gewissen steht auf!" (Hg.)
Grab: XVI W – 701–702 *Ehrengrab*

Ernst Lemmer

Geb. 28. 04. 1898 in Remscheid · Gest. 18. 08. 1970
Politiker
1945 Mitbegründer der CDU in der SBZ
1957–1962 Bundesminister für gesamtdeutsche Fragen
1965–1969 Sonderbeauftragter für Berlin
„Manches war doch anders", Memoiren, 1968
„Taktik eines Skatspielers", 1969
Grab: XVIII W – 383/384/385 *Ehrengrab*

Paul Löbe

Geb. 14. 12. 1875 in Liegnitz, Schlesien · Gest. 03. 08. 1967 in Bonn
Schriftsetzer und Politiker, Chefredakteur des „Vorwärts"
1920–1932 Mitglied des Deutschen Reichstages (SPD)
(1920–1924 und 1925–1933 Reichstagspräsident)
Lizenzträger „Telegraf"
1949–1958 Präsident des Deutschen Rats der Europäischen
Bewegung
1954 Vorsitzender des Kuratoriums „Unteilbares Deutschland"
„Erinnerungen eines Präsidenten"
1955 Ehrenbürger der Stadt Berlin
1960 Ernst-Reuter-Plakette
Grab: III – U – 24 *Ehrengrab*

Franz Lorenz

Geb. 08. 07. 1889 in Berlin · Gest. 09. 12. 1981
    Musikforscher, Schriftsteller und Komponist
    Forschungen zur Geschichte der Familie Benda
Grab: Abtlg. VII W – 221/222

Walter Hermann Gustav May

Geb. 14. 12. 1900 in Sannerz, Krs. Schlüchtern · Gest. 29. 10. 1953
    Kommunalpolitiker
    1946–1950 Schulrat und Mitglied der
    Stadtverordnetenversammlung (SPD)
    1947–1951 Stadtrat für Volksbildung
Grab: I – U – 257   *Ehrengrab*

Reinhold Conrad Muschler

Geb. 09. 08. 1882 in Berlin · Gest. 10. 12. 1957
    Schriftsteller, Botaniker
    (1907 Assistent am Botanischen Museum)
    Bücher: ,,Richard Strauß", 1925
    ,,Tizian", Trilogie, 1952–1953
    Herausgabe der Briefe der Annette von Droste-Hülshoff an Levin
    Schücking
Grab: X W – 1–2

Anna Nemitz, geb. Voigt

Geb. 03. 01. 1873 in Bromberg · Gest. 06. 10. 1962
    Schneiderin
    1920–1933 Reichstagsabgeordnete (SPD)
    1945 Stadtverordnete
    1953 Stadtälteste
Grab: II U – 698   *Ehrengrab*

Siegfried Nestriepke

Geb. 17. 12. 1885 in Bartenstein, Ostpreußen · Gest. 05. 12. 1963
Stadtrat für Volksbildung (SPD)
1920–1933 Generalsekretär der deutschen Volksbühne und ab
1930 zugleich Leiter des Theaters am Bülowplatz
1947–1956 Intendant Freie Volksbühne
„Das Theater im Wandel der Zeit", 1928
Grab: III U – 29

Franz Friedrich Nicklisch

Geb. 08. 03. 1906 in Wernigerode · Gest. 06. 12. 1975
Schauspieler
Seit 1948 am Schiller- und Schloßpark-Theater
Grab: III W – 28

Hanns-Heinz Nissen

Geb. 21. 05. 1905 in Hamburg · Gest. 24. 09. 1969
Kammersänger (Bariton)
Grab: XIII HW – 211

Bruno Paul

Geb. 19. 01. 1874 in Seifhennersdorf, Krs. Zittau, Oberlausitz · Gest.
17. 08. 1968
Architekt, Designer (Möbel und Innenräume)
1900 Grand-Prix (Paris, Weltausstellung)
1928 Kathreiner-Hochhaus (im Kriege zerstört)
Grab: XIII W – 875

Erwin Piscator

Geb. 17. 12. 1893 in Ulm, Krs. Wetzlar · Gest. 30. 03. 1966
Intendant, Regisseur
1920/21 Proletarisches Theater Berlin
1924–1927 Volksbühne Berlin

1933 Leiter der Piscator-Bühne, Direktor des Lessing- und Wallner-Theaters, der Volksbühne und des Preußischen Staatstheaters
Emigration (UdSSR, Frankreich, USA)
1962 Intendant Freie Volksbühne
Unter ihm Uraufführungen von Peter Weiss, H. Kipphardt u. a.
,,Das politische Theater", 1929 und 1962
Grab: XX W – 688/89/690   *Ehrengrab*

Gerhart Pohl

Geb. 09. 07. 1902 in Trachenberg b. Breslau · Gest. 15. 08. 1966
Schriftsteller (Romane und Erzählungen)
1923–1930 Hrsg. der ,,Neue Bücherschau"
Bücher: ,,Die Brüder Wagemann", 1936
,,Die Fluchtburg", 1955
Grab: XX W – CW – 1/2   *Ehrengrab*

Ernst Reuter

Geb. 29. 07. 1889 in Apenrade, Schlesien · Gest. 29. 09. 1953
Politiker (SPD)
1926–1931 Stadtrat für Verkehr
1931–1933 Oberbürgermeister von Magdeburg
1933–1945 Emigration (Türkei)
1947 Wahl zum Oberbürgermeister von Berlin (Sowjets verhinderten Amtsübernahme)
1951–1953 Regierender Bürgermeister von Berlin
,,Einführung in die Kommunalwissenschaft", 1940 (Ankara)

Johanna (Hannah) Reuter, geb. Kleinert

Geb. 26. 12. 1899 in Hannover · Gest. 17. 06. 1974
Ehefrau von Ernst Reuter
1954 Ernst-Reuter-Plakette
Grab: VI W – 18 und 19   *Ehrengrab*

Hans Scharoun

Geb. 20. 09. 1893 in Bremen · Gest. 25. 11. 1972
Architekt
1929 Werkbundsiedlung Breslau
1945/46 Leiter der Abteilung Bau- und Wohnungswesen beim
Magistrat von Groß-Berlin
1946–1958 Professor für Städtebau in Berlin
1955–1968 Präsident der Akademie der Künste, Berlin
1955–1961 Charlottenburg Nord
1964 Beginn Bau der Staatsbibliothek
1963 Philharmonie
Grab: I – U – 24   *Ehrengrab*

Fritz Schloss

Geb. 23. 03. 1895 in Berlin · Gest. 19. 12. 1954
1946 Bezirksbürgermeister in Tiergarten
Grab: VI W – 164 + 165

Clemens Carl Otto Schmalstich

Geb. 08. 10. 1880 in Posen · Gest. 15. 07. 1960
Komponist und Dirigent
Schüler von Humperdinck
Oper: ,,Peterchens Mondfahrt"
Grab: II U – 16

Richard Schröter

Geb. 05. 11. 1892 in Berlin · Gest. 19. 02. 1977
Lehrer, 1918 Mitglied der SPD
1945 Hauptschulrat
1967 Stadtältester
Grab: I U – 53   *Ehrengrab*

Richard Schubert

Geb. 29. 11. 1877 in Leipzig · Gest. 21. 01. 1955
Dozent, Mitglied der CDU
Mitarbeit bei der Neugründung der Hochschule für Politik (1953)
Widerstandskämpfer im Kreis um Dr. Goerdeler
1952 Stadtältester
Grab: VII W – 204–205   *Ehrengrab*

Hermann Speelmanns

Geb. 14. 08. 1904 in Nordingen · Gest. 09. 02. 1960
Schauspieler
Grab: XI – 274

Otto Suhr

Geb. 17. 08. 1894 in Oldenburg · Gest. 30. 08. 1957
Nationalökonom, Politiker
1946–1950 Stadtverordnetenvorsteher von Groß-Berlin (SPD)
1949 Direktor der Hochschule für Politik
1951 Präsident des Abgeordnetenhauses von Berlin
1955–1957 Regierender Bürgermeister von Berlin
,,Die Welt der Wirtschaft vom Standort der Arbeiter", 1925
Grab: IX W – 354–375   *Ehrengrab*

Herbert Theis

Geb. 15. 04. 1906 in Berlin · Gest. 15. 02. 1972
Industriekaufmann
1937 wegen Hochverrat zu fünf Jahren Zuchthaus verurteilt
(Gestapo)
1949 Stadtverordneter (SPD)
1971 Stadtältester
Grab: III U – 49   *Ehrengrab*

Kurt Westphal

Geb. 09. 10. 1904 in Bublitz, Pommern · Gest. 15. 06. 1978
Musikwissenschaftler und Musikkritiker
1962–1966 Direktor des städtischen Konservatoriums
,,Die moderne Musik", 1928
,,Erzählungen und malende Musik", 1965
,,Vom Einfall zur Symphonie" (Beethoven), 1965
Grab: VII W – 300/1/2

Wolfgang Zeller

Geb. 12. 09. 1893 in Biesenrode, Harz · Gest. 11. 01. 1967
Komponist, Kapellmeister
Ballettpantomimen, Filmmusik
Grab: IV W – 108/9/10

Landeseigener Friedhof
Onkel-Tom-Straße 30

Conrad Biesalski

Geb. 14. 11. 1868 in Osterode · Gest. 27. 01. 1930
Mediziner, Professor
Begründer der modernen Krüppelfürsorge
(Oskar-Helene-Heim)
Grab: Abtlg. 2 – EB – 114   *Ehrengrab*

Hans Dominik

Geb. 15. 11. 1872 in Zwickau, Sachsen · Gest. 09. 12. 1945
Redakteur, Schriftsteller (Zukunftsromane)
,,Atlantis", 1925
,,Atomgewicht 500", 1935
Grab: Abtlg. 35 – 4 – 83   *Ehrengrab*

Conrad Felixmüller

Geb. 21. 05. 1897 in Dresden · Gest. 24. 03. 1977
Maler, Graphiker
1920 Rom- und 1929 Dürer-Preis
Grab: Abtlg. 25 W – U – 21

Paul Fleischmann

Geb. 23. 09. 1889 in Freiburg, Schlesien · Gest. 07. 06. 1965
Kupferschmied
1905 Mitglied der SPD
1946–1953 Senator für Arbeit in Berlin
1953–1956 Präsident des Arbeitsamtes
1964 Stadtältester
Grab: Abtlg. 10 W – U – 32   *Ehrengrab*

Erdmann Graeser

Geb. 05. 05. 1870 in Berlin · Gest. 07. 07. 1937
Schriftsteller
,,Lemke, sel. Witwe", 6 Bde.
Grab: Abtlg. 24 – 47–48   *Ehrengrab*

Ernst Wolfgang Alexander von Harnack

Geb. 15. 07. 1888 in Marburg a. d. Lahn · Gest. 05. 03. 1945
hingerichtet (Plötzensee)
Geschichtsphilosoph, Professor
(Sohn von A. v. Harnack)
Seit 1919 Mitglied der SPD
Denkstelle: XI W – 22/23   *Ehrengrab*

Julius Hart

Geb. 09. 04. 1859 in Münster i. W. · Gest. 07. 07. 1930
Dichter und Schriftsteller
Kritiker des Naturalismus
Gedichtsammlung ,,Samsara", 1879
Drama: ,,Die Schauspielerin", Tragödie, 1884

Mit seinem Bruder Heinrich Hart „Kritische Waffengänge"
(1882–1886)
Grab: Abtlg. 26 W – 135–136   *Ehrengrab*

Herbert Ihering

Geb. 29. 02. 1888 in Springe bei Hannover · Gest. 15. 01. 1977
   Theaterkritiker
   Vorkämpfer des politischen Theaters
   Leiter der Theaterabteilung der Ost-Berliner Akademie
   „Emil Jannings", 1941 u. a.
   1922 Kleist-, 1955 Lessing-Preis
Grab: Abtlg. 3 W – 109–110

Hugo Wilhelm Ludwig Kaun

Geb. 21. 03. 1863 in Berlin · Gest. 02. 04. 1932
   Komponist, Musikpädagoge
   Kammermusik, symphonische Dichtungen und Männerchöre
   Oratorium „Mutter Erde", 1914
   Oper „Der Fremde", 1920
Grab: Abtlg. 28 W – 84/85/86

Hugo Karl Elima Koester

Geb. 19. 10. 1859 Ges. 26. 10. 1943
   1924–1929 Bürgermeister von Zehlendorf
Grab: Abtlg. 9 W – 212/213   *Ehrengrab*

Ernst Legal

Geb. 02. 05. 1881 in Schlieben, Krs. Herzberg b. Halle · Gest.
29. 06. 1955
   Schauspieler und Regisseur
   1928–1936 Leiter der Kroll-Oper
   und des Staatl. Schauspielhauses
   Nach Kriegsende im Admiralspalast Wiederaufbau der Berliner
   Oper und deren Intendant (1945–1952)
Grab: Abtlg. 16 – Heckenstelle

Paul Mebes

Geb. 23. 01. 1872 in Magdeburg · Gest. 09. 04. 1938
    Architekt, Professor
    ,,Um 1800, Architektur und Handwerk im letzten Jahrhundert
    ihrer traditionellen Entwicklung", 1918
Grab: 22 U – 400   *Ehrengrab*

Rudolf Michael

Geb. 17. 12. 1896 in Schlawe, Pommern · Gest. 19. 04. 1972
    1950–1961 Leiter des Arbeitsamtes (SPD)
    1951 Bezirksstadtrat
    1966 Stadtältester
Grab: Abtlg. 20 HW – 30–131   *Ehrengrab*

Hans Reif

Geb. 19. 01. 1899 in Leipzig · Gest. 11. 11. 1984
    Politiker, Volkswirtschaftler, Professor
    1948 Mitglied der LDP in Leipzig
    Übergang zur FDP und
    1963 Mitglied des Bundestages in Bonn
    Einer der großen Liberalen
Grab: Abtlg. 4 W – 131 a/132

Hermann Sandkuhl

Geb. 14. 04. 1872 in · Gest. 19. 09. 1936
    Maler, Graphiker, Professor
    ,,Fresken" der Kirche am Hohenzollernplatz
Grab: Abtlg. 1 W – 81–82   *Ehrengrab*

Alfred Schieske

Geb. 06. 09. 1908 in Stuttgart · Gest. 15. 07. 1970
    Schauspieler
    Staatliches Schauspielhaus
    Theater des Westens (,,My fair Lady")
Grab: Abtlg. 9 U – 9 – 56

Arno Scholz

Geb. 22. 02. 1904 in Berlin · Gest. 30. 07. 1971
Lizenzträger und Chefredakteur der Berliner Tageszeitung ,,Telegraf''
Gründer und Leiter '' Verlag
,,Berlin im Würgegriff'', 1953
Grab: Abtlg. 15 – W – 3

Karl Schott

Geb. 18. 02. 1879 · Gest. 01. 03. 1954
Bezirksbürgermeister
Grab: Abtlg. 8c W – 73–74   *Ehrengrab*

Albert Steinrück

Geb. 20. 05. 1872 in Wetterburg, Waleck · Gest. 11. 02. 1929
Schauspieler
1913 Hauptrolle in der Uraufführung des ,,Woyzeck'' von Büchner
Grab: 27 HW – 68–69   *Ehrengrab*

Paul Wilhelm Hubert Wagner

Geb. 24. 08. 1899 in Köln · Gest. 11. 01. 1970
Schauspieler, Schiller-Theater
Filme: ,,Der Alte und der junge König'', 1934
,,Großstadtgeheimnis'', 1952
Grab: Abtlg. 34 U – 220

Anton Weber

Geb. 31. 10. 1890 in Horchheim b. Koblenz · Gest. 24. 02. 1969
Vermessungstechniker
1945 Mitbegründer der CDU
1954 Mitglied des Abgeordnetenhauses
1960 Stadtältester
Grab: Abtlg. 29 W – 140/141   *Ehrengrab*

Landeseigener Friedhof
Wannsee, Lindenstraße 1 u. 2

Erich Carow

Geb. 17. 06. 1893 · Gest. 31. 08. 1956
   Schauspieler, Kabarettist
   1923 Gründer und Leiter von ,,Carows Lachbühne"
   am Weinbergsweg

Lucie Carow, geb. Blattner

Geb. 1899 in Berlin · Gest. 25. 01. 1953
   Operettensängerin
   Baute mit Ernst Carow nach 1945 neue Lachbühne an der Havel
   (Gatow)
Grab: N. T. 133 (Beide Urnen im Grab von Blattner.

Marieluise Claudius

Geb. 06. 01. 1912 in Meiningen · Gest. 02. 08. 1941
   Schauspielerin
Grab: N.T. 128

Hermann Emil Fischer

Geb. 09. 10. 1852 in Euskirchen · Gest. 15. 07. 1919
   Chemiker
   Professor in München, Erlangen, Würzburg und Berlin
   1875 Entdeckung des Phenylhydrazins
   1902 Nobelpreis für Chemie für seine Arbeiten auf dem Gebiet
   der Kohlenhydrate und Purine
Grab: A. Teil 39   *Ehrengrab*

Richard Greeff

Geb. 18. 06. 1862 in Elberfeld · Gest. 04. 11. 1938
   Augenarzt, Professor
   1896–1899 im Auftrag des preußischen Kulturministers

Bekämpfung des Trachoms
Grab: N.T. 131   *Ehrengrab*

Martin J. Hahn

Geb. 17. 04. 1865 in Berlin · Gest. 04. 11. 1934
  Mediziner, Professor
  Direktor des hygienischen Instituts Berlin
  Herausgeber vieler Zeitschriften für Hygiene
Grab: N.T. 102   *Ehrengrab*

Hermann von Helmholtz

Geb. 31. 08. 1821 in Potsdam · Gest. 08. 09. 1894
  Physiologe und Physiker
  1850 Erfindung des Augenspiegels
  1888 Leiter der Physikalisch-Technischen Reichsanstalt
  ,,Die Lehre von den Tonempfindungen", 1863
Grab: A.T. 52   *Ehrengrab*

Johannes Otzen

Geb. 08. 10. 1834 in Sieseby, Krs. Rendsburg-Eckernförder,
Schleswig · Gest. 08. 06. 1911
  Architekt, Professor
  Erbauer der Heiligkreuz-, der Luther- und der Georgenkirche
Grab: A.T. 22

Ferdinand Sauerbruch

Geb. 03. 07. 1875 in Barmen · Gest. 02. 07. 1951
  Chirurg, Professor
  seit 1928 an der Charité
  ,,Sauerbrucharm", ,,Umkipp-Plastik"
  ,,Technik der Thoraxchirurgie", 1919
  1945 Stadtrat für Gesundheitswesen
  ,,Das war mein Leben", 1954
Grab: A.T. 58   *Ehrengrab*

Agnes Sorma verh. Gräfin Minotto

Geb. 17. 05. 1865 in Breslau · Gest. 10. 02. 1927 in Crownsend,
Arizona, USA
    Schauspielerin
Grab: A.T. 84   *Ehrengrab*

Paul Ferdinand Straßmann

Geb. 23. 10. 1866 in Berlin · Gest. 15. 08. 1938
    Gynäkologe
Grab: N.T. F.W. 79   *Ehrengrab*

Hugo Vogel

Geb. 15. 02. 1855 in Magdeburg · Gest. 26. 09. 1934
    Maler (Porträts, geschichtliche Stoffe), Professor
Grab: A.T. 62   *Ehrengrab*

Grabstelle im Heinrich-Laehr-Park
nahe der John-F.-Kennedy-Schule

zwischen Teltower Damm und Prinz Handjery-Straße

Inschrift:
Dem Gründer der Heilanstalt Schweizerhof und dieses Parks

Professor Dr. Bernhard Heinrich Laehr

Geb. 10. 03. 1820 zu Sagan · Gest. 18. 08. 1905

und seine Ehefrau und Mitarbeiterin

Johanna Henriette Marie, geb. Otto

Geb. 29. 02. 1824 zu Goerzke · Gest. 17. 01. 1902
    Psychiater
    Mitbegründerin des deutschen Vereins der Irrenärzte
    und der Psychiater.

Grabstelle am Kleinen Wannsee
Bismarckstraße

Bernd Heinrich Wilhelm von Kleist

Geb. 18. 10. 1777 in Frankfurt (Oder) · Gest. 21. 11. 1811 Freitod
Dichter (Dramen und Erzählungen)
Lustspiele: ,,Amphitryon"
,,Der zerbrochene Krug"
Dramen: ,,Prinz Friedrich von Homburg"
,,Penthesilea" u. a.
,,Käthchen von Heilbronn"
Erzähl.: ,,Michael Kohlhaas"
,,Marquise von O."
Buchausgabe 1811
Grabstelle ist die Stätte des Freitods mit Henriette Vogel

Kirchhof der St. Peter- und St. Paul-Gemeinde Nikolskoe

Henry Maitey

Geb. etwa 1806–1808 auf den Sandwich-Inseln, Hawaii · Gest.
26. 02. 1872 in Klein-Glienicke
23. 04. 1830 getauft und konfirmiert
(Pate war der Stadtrat Hollmann)
Maitey sehr geschickt im Drechsler-, Schlosser- und
Tischlerhandwerk
Zierliche Modelle in Elfenbein und Perlmutt von Maitey geschaffen (im Schloß Glienicke zu sehen)
Maitey starb an Pocken
Grab: Nähe des Hauptweges

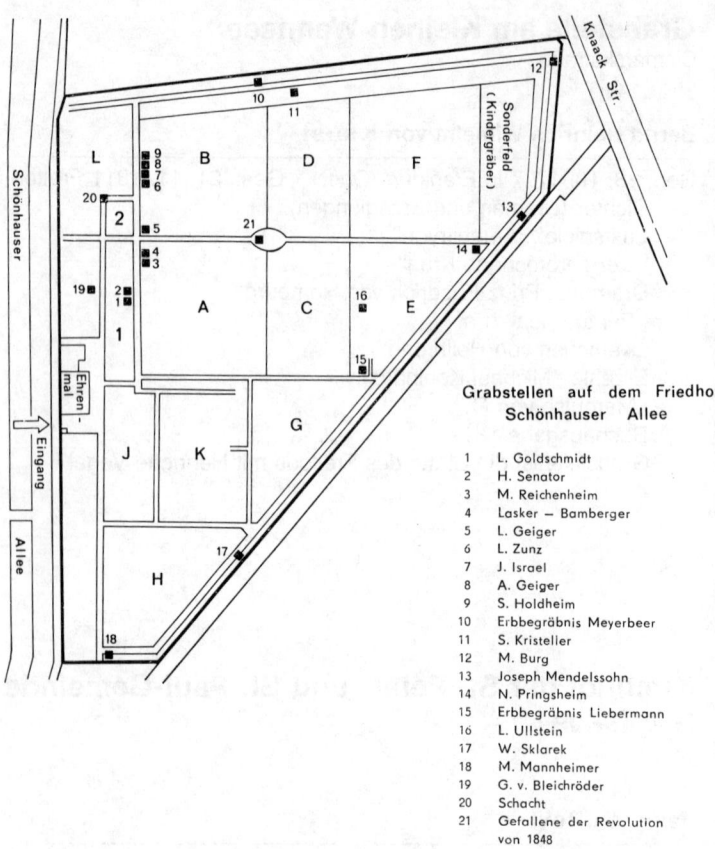

Grabstellen auf dem Friedhof
Schönhauser Allee

1   L. Goldschmidt
2   H. Senator
3   M. Reichenheim
4   Lasker — Bamberger
5   L. Geiger
6   L. Zunz
7   J. Israel
8   A. Geiger
9   S. Holdheim
10 Erbbegräbnis Meyerbeer
11 S. Kristeller
12 M. Burg
13 Joseph Mendelssohn
14 N. Pringsheim
15 Erbbegräbnis Liebermann
16 L. Ullstein
17 W. Sklarek
18 M. Mannheimer
19 G. v. Bleichröder
20 Schacht
21 Gefallene der Revolution
    von 1848

Friedhof der Jüdischen Gemeinde Prenzlauer Berg (siehe Seite 251)

Bezirk Friedrichshain

Kirchhof II der Georgen-Gemeinde
Leninallee 48

Alfred Gyss gen. Fredy Sieg

Geb. 28. 09. 1878 · Gest. 25. 02. 1962
   Schauspieler (Komiker)
   1923 ,,An der Krummen Lanke" – Lied
Grab: 6 Kg – 18 – 25

Otto Pritzkow

Gest. 1941
   Besitzer des ersten Berliner Lichtspiel-Theaters ,,Abnormitäten
   u. Biograph-Theater" in der Münzstraße
Grab: Feld 4 – 1 – 68

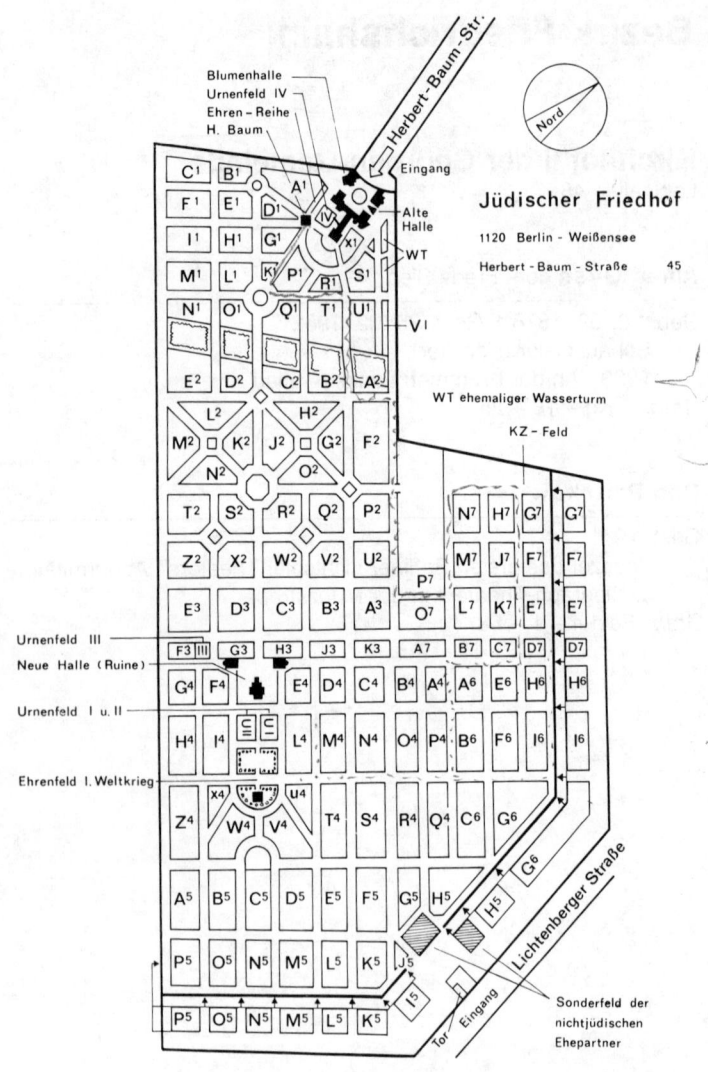

Friedhof der Jüdischen Gemeinde Berlin Weißensee (siehe Seite 253)

Bezirk Köpenick

Städt. Waldfriedhof Oberschöneweide
An der Wuhlheide

Emil Rathenau

Geb. 11. 12. 1838 in Berlin · Gest. 20. 06. 1915
Industrieller
1883 Gründer Deutsche Edison-Gesellschaft für angewandte Elektrizität
1887 Umbenennung in Allgemeine Elektricitäts-Gesellschaft AEG
1899 Eintritt in Vorstand AEG

Walther Rathenau

Geb. 29. 09. 1867 in Berlin · Gest. 24. 06. 1922 (ermordet)
Industrieller und Politiker
1902–1907 Geschäftsinhaber der Berliner Handelsges.
1915 Aufsichtsratsvorsitzender der AEG
1919 Mitglied der Deutschen Demokratischen Partei
1921 Reichsminister für Wiederaufbau
1922 Außenminister
,,Probleme der Friedenswirtschaft", 1917 u. a.
,,Von kommenden Dingen", 1917
Grabstelle an der linken Mauer

Evangelischer Friedhof Friedrichshagen

Aßmannstraße/Peter-Hille-Straße

Johannes Bobrowski

Geb. 09. 04. 1917 in Tilsit · Gest. 02. 09. 1965
    Schriftsteller, Verlagslektor
    Roman: ,,Levins Mühle", 1964
    Gedichte: ,,Sarmatische Zeit", 1961
Grab: E I – 12 – 21/22–24

Bezirk Lichtenberg

Zentralfriedhof Friedrichsfelde
Gudrunstraße

Erich Apel

Geb. 03. 10. 1917 in Judenbach, Krs. Sonnenberg (Thüringen) ·
Gest. 03. 12. 1965 (Selbstmord)
Politiker, Ingenieur
1958 Vorsitzender des ständigen Ausschusses für Wirtschafts-
und Finanzfragen
1963–1965 Vorsitzender der Staatlichen Plankommission
Vorsitzender des Wirtschaftsausschusses, Volkskammer
1965 Ablehnung des Handelsvertrags mit der UdSSR

Bruno Apitz

Geb. 28. 04. 1900 in Leipzig · Gest. 1979
Schriftsteller, Buchhändler, Schauspieler
1945 Intendant des Leipziger Theaters
1950 Dramaturg bei der DEFA
Mitglied der Akademie der Künste
,,Nackt unter Wölfen", 1958

Willi Bredel

Geb. 02. 05. 1901 in Hamburg · Gest. 27. 10. 1964
Schriftsteller (früher Dreher)
,,Die Prüfung", 1934
,,Dein unbekannter Bruder", 1937
,,Das schweigende Dorf", 1949

Gerhart Eisler

Geb. 20. 02. 1897 in Leipzig · Gest. 21. 03. 1968 Jerewan, UdSSR
Journalist und Politiker
1962 Vorsitzender des Staatlichen Rundfunkkomitees (DDR)

Friedrich Ebert

Geb. 12. 09. 1894 in Bremen · Gest. 04. 12. 1979
    Buchdrucker
    Politiker (Sohn des ersten deutschen Reichspräsidenten)
    1928–1933 Mitglied des Reichstags (SPD) und des preuß.
    Staatsrates
    1946 Mitbegründer der SED
    1948–1967 Oberbürgermeister von Ost-Berlin

Otto Grotewohl

Geb. 11. 09. 1894 in Braunschweig · Gest. 21. 09. 1964
    Buchdrucker, Politiker, SPD
    Maßgeblich beteiligt an der Verschmelzung der SPD und KPD
    zur SED (21. 04. 1946)
    Seit 07. 10. 1949 Ministerpräsident und Vorsitzender des
    Ministerrates der DDR
    1960 Stellvertreter des Vorsitzenden des Staatsrates

Hugo Haase

Geb. 29. 09. 1863 in Allenstein · Gest. 07. 11. 1919 Opfer eines
Attentats
    Politiker, Jurist
    1912–1918 Reichstagsabgeordneter
    1917 USPD
    1919 im Rat der Volksbeauftragten

Adolf Hennecke

Geb. 25. 05. 1905 in Meggen, Westfalen · Gest. 22. 02. 1975
    Bergarbeiter
    1948 nach sowjetischem Vorbild (Stachanow) Gründung einer
    Aktivistenbewegung (Zwickauer Kohlenrevier)

Johann Fritz Adolph Hoffmann

Geb. 22. 03. 1858 in Berlin · Gest. 01. 12. 1930
Politiker
Mitglied der SPD (Reichstagsabgeordneter)
,,Die zehn Gebote und die besitzende Klasse", 1891

Martin Kirschner

Geb. 10. 11. 1842 zu Freiburg i. d. Schweiz · Gest. 13. 09. 1912
1873 Stadtrat in Breslau
1893 Bürgermeister in Berlin
Mitglied des Preußischen Herrenhauses
1899–1912 Oberbürgermeister von Berlin
Grab: Familienbegräbnis – Mittelallee 47

Käthe Kollwitz, geb. Schmidt

Geb. 08. 07. 1867 in Königsberg, (Pr.) · Gest. 22. 04. 1945
in Moritzburg b. Dresden
Graphikerin, Bildhauerin
Pour le mérite (Friedensklasse)
Vertreterin des Expressionismus
,,Der Weberaufstand", 6 Blätter, 1897–1898
1918–1933 Proffessur an der Akademie der Künste
Soziales Engagement für Proletariat und dessen Probleme
1922–1923 ,,Der Krieg" Holzschnitt
,,Tagebuchblätter und Briefe" 1948
Grab: Nischenstelle a/8 U

Karl Legien

Geb. 01. 12. 1861 in Marienburg, Westpreußen · Gest. 26. 12. 1920
Politiker (früher Drechsler)
Sozialdemokrat
Gewerkschaftsführer
1920 Leitung des Generalstreiks gegen den Kapp-Putsch

Bruno Leuschner

Geb. 12. 08. 1910 in Berlin · Gest. 10. 02. 1961
Politiker,
Kaufm. Angestellter
Wirtschaftsfunktionär (SED)
1960 Mitglied des Staatsrates

Karl Liebknecht

Geb. 13. 08. 1871 in Leipzig · Gest. 15. 01. 1919 erschossen
Politiker
1898 Rechtsanwalt
1900 Mitglied der SPD
1912 Reichstagsabgeordneter (SPD)
Mitgründer des kommunistischen „Spartakusbundes"
„Militarismus und Antimilitarismus", 1907
„Klassenkampf gegen den Krieg", 1919

Wilhelm Liebknecht

Geb. 29. 03. 1826 in Gießen · Gest. 07. 08. 1900
Journalist,
Politiker (Sozialdemokrat)
Seit 1850 Verbindung zu Marx und Engels
seit 1874 Reichstagsabgeordneter
1865 Gründer des „Demokratisches Wochenblatt"
1890 Chefredakteur des „Vorwärts"
„Zu Trutz und Schutz", 1871

Rosa Luxemburg

Geb. 05. 03. 1870 in Zamość, Polen · Gest. 15. 01. 1919,
erschossen
Sozialistische Politikerin
1907–1914 Dozentin an der Parteischule
der SPD
„Sozialreform oder Revolution", 1899
„Massenstreik, Partei und Gewerkschaften", 1906

Karl Maron

Geb. 27. 04. 1903 in Berlin · Gest. 02. 02. 1975
Politiker (früher Schlosser)
1945–1946 Stellvertretender Oberbürgermeister
1950 Chef der Volkspolizei (VP)
1955–1963 Innenminister der DDR
1962 Generaloberst

Franz Mehring

Geb. 27. 02. 1846 in Schlawe, Pommern · Gest. 20. 01. 1919
Schriftsteller, Journalist, Politiker
1890 Sozialdemokrat
1916 Mitgründer des Spartakusbundes
Abgeordneter der USPD
„Geschichte der Sozialdemokratie", 4 Bde., 1897/1898

Hermann Müller(-Franken)

Geb. 18. 05. 1876 in Mannheim · Gest. 20. 03. 1931
Politiker
1893 Mitglied der SPD
1919–1927 Einer der Vorsitzenden der SPD
1919–1920 Reichsaußenminister
1920 und 1928–1930 Reichskanzler
1920–1928 Fraktionsvorsitzender im Reichstag

Albert Norden

Geb. 04. 12. 1904 in Myslowitz, Ost-Oberschlesien · Gest.
31. 05. 1982
Politiker
1921 Mitglied der KPD
1933 ff. Emigration (Frankreich, USA)
1952 Sprecher der Regierung der DDR

Wilhelm Pieck

Geb. 03. 01. 1876 in Guben · Gest. 07. 09. 1960
Tischler,
Politiker
1895 Mitglied der SPD
1919 Mitbegründer der KPD
1928–1933 Mitglied des Reichstags (KPD)
1946 gemeinsam mit O. Grotewohl Vorsitzender der SED
1949 Präsident der DDR

Heinrich Rau

Geb. 02. 04. 1899 in Feuerbach b. Stuttgart · Gest. 23. 03. 1961
Metallarbeiter
Politiker
Mitbegründer der KPD
1928–1933 Mitglied des preußischen Landtages
1937/38 Spanischer Bürgerkrieg
1949 Minister für Wirtschaftsplanung in der DDR
1953–1955 Minister für Maschinenbau
,,Mein Leben, meine Zeit" 1942, Bd. 1, 1947, Bd. 2.
Grab: Gartenstelle an der Urnenhalle (Viescenstelle)

Julius Rodenberg, eigtl. J. Levy

Geb. 26. 06. 1831 in Rodenberg, Hessen · Gest. 11. 07. 1914
Schriftsteller, Feuilletonist,
Dramatiker,
Biograph
1874 Hg. der ,,Deutsche Rundschau"
,,Die Grandidiers", 3 Bde., 1879
,,Lieder und Gedichte", 1880
Grab: Mittelallee Ronder 4

Ernst Thälmann

Geb. 16. 04. 1886 in Hamburg · Gest. 18. 08. 1944 im KZ Buchenwald
Politiker (Transportarbeiter)
1903 Sozialdemokrat

1920 Mitglied der KPD
1924 Reichstagsabgeordneter
1925 und 1932 Kandidatur für das Amt des
Reichspräsidenten

Walter Ulbricht

Geb. 30. 06. 1893 in Leipzig · Gest. 01. 08. 1973
Politiker (Tischler)
1919 Mitglied der KPD
1933 Emigration (Frankreich, UdSSR)
1936 Politischer Kommissar im Spanischen Bürgerkrieg
1950–1953 Generalsekretär der SED.
1960–1972 Erster Vorsitzender des Staatsrates (Staatsober-
haupt) der DDR
„Zur Geschichte der Arbeiterbewegung" 1955 ff.

Otto Winzer

Geb. 03. 04. 1902 in Berlin · Gest. 03. 03. 1975
Politiker (früher Schriftsetzer)
1919 KPD
1935 Emigration (Frankreich)
1948–1956 Chef der Privatkanzlei des Präsidenten der DDR
1959–1965 Stellvertretender Minister für auswärtige Angelegenheiten

Friedrich Wolf

Geb. 23. 12. 1888 in Neuwied, Rhein · Gest. 05. 10. 1953 in Lehnitz
bei Berlin
Arzt und Schriftsteller
1928 Mitglied der KPD
1950/1951 erster Botschafter der DDR in Warschau
Schauspiel: „Professor Mamlock", 1935

Erich Wollweber

Geb. 28. 10. 1898 in Hannov.-Münden · Gest. 03. 05. 1967
Politiker (früher Hafenarbeiter)
1918 Beteiligung an der Matrosenmeuterei in Kiel
1933 Leiter der kommunistischen Untergrundbewegung
1953−1955 Staatssekretär für Staatssicherheit und
Stellvertretender Innenminister

Bezirk Mitte

Dom (Gruft)

Friedrich Wilhelm, ,,Der Große Kurfürst"

Geb. 16. 02. 1620 in Berlin · Gest. 09. 05. 1688 in Potsdam
Eltern: Georg Wilhelm, Kurfürst von Brandenburg
Elisabeth Charlotte von der Pfalz
1640 Kurfürst von Brandenburg
1. Ehe: 1646–1667 mit Louise Henriette von Oranien
2. Ehe: 1668 mit verw. Herzogin Dorothea von Braunschweig-
Lüneburg, geb. Prinzessin von Holstein-Glücksburg

Friedrich I., König in Preußen

Geb. 11. 07. 1657 in Ostpreußen · Gest. 25. 02. 1713
1688 Friedrich III., Kurfürst von Brandenburg
18. 01. 1701 Friedrich I., König in Preußen
1. Ehe: 1679–1683 mit Elisabeth Henriette von Hessen-Kassel
2. Ehe: 1684–1705 Sophie Charlotte von Hannover
3. Ehe: 1708 Sophie Luise von Mecklenburg-Schwerin

Sophie-Charlotte, Königin in Preußen

Geb. 30. 10. 1668 in Iburg · Gest. 01. 02. 1705 in Hannover

Louis Ferdinand eigtl. Friedrich Ludwig Christian

Geb. 18. 11. 1772 in Friedrichsfelde · Gest. 10. 10. 1806 (gefallen bei
Saalfeld nahe Jena)
Prinz von Preußen, Neffe Friedrich d. Großen
Generalleutnant
Kammermusikkompositionen

St. Hedwig-Kathedrale (Krypta)
Hedwigskirchgasse

Alfred Bengsch

Geb. 10. 09. 1921 in Berlin · Gest. 13. 12. 1979
  1959 Weihbischof
  1962 Erzbischof der Diözese
  1967 Kardinal
  Titel: Kardinalpriester der Heiligen Römischen Kirche
  mit dem Titel: San Pilippi Neri in Furosia

Julius Döpfner

Geb. 26. 08. 1913 in Hausen, Unterfranken · Gest. 24. 07. 1976 in München
  1948 Bischof von Würzburg
  1957 Bischof von Berlin
  1958 Kardinal
  1961 Erzbischof von München-Freising
  1965 Vorsitzender der Fuldaer Bischofskonferenz

Bernhard Lichtenberg

Geb. 03. 12. 1875 in Ohlau, Schlesien · Gest. 05. 11. 1943 in Hof,
auf der Fahrt zum KZ Dachau ermordet
  Dompropst
  Ab 1900 in Berlin

Konrad Graf von Preysing-Lichtenegg-Moos

Geb. 30. 08. 1880 in Schloß Kronwinkl b. Landshut · Gest.
21. 12. 1950
  1932 Bischof von Eichstätt
  1935 Bischof von Berlin
  1946 Kardinal

Alter Kirchhof der Sophien-Gemeinde
Sophienstraße 2–3

Karl Wilhelm Ramler

Geb. 15. 02. 1725 in Kolberg · Gest. 11. 04. 1798
Dichter
1748–1790 Professor für Logik an der Kadettenanstalt
1790 Leiter des Nationaltheaters
Oden in antiken Versmaßen, Herausgeber von Anthologien
zeitgenössischer, von ihm umgearbeiteter Dichtungen
(„Lieder der Deutschen", 1766)
Grab: Gruft in der Kirche, Tafel an der Außenseite rechts

Leopold von Ranke

Geb. 21. 12. 1795 in Wiehe/Unstrut · Gest. 23. 05. 1886
Historiker, Professor
Begründer der modernen Geschichtswissenschaft
Kanzler des „Pour le mérite" der Friedensklasse
„Geschichte der romanischen und germanischen Völker", 1824
Frankfurt (Oder)
1825 Professor in Berlin
1841 Historiograph des preußischen Staates
„Zwölf Bücher preußischer Geschichte", 5 Bde., 1874
Grab: Grabstelle an der Mauer

Carl Friedrich Zelter

Geb. 11. 12. 1758 in Berlin · Gest. 15. 05. 1832
Maurermeister, Komponist, Musikpädagoge
1800 Leiter der Berliner Singakademie
1808 Gründer der (Berliner) Liedertafel
1822 Kgl. Institut für Kirchenmusik
Vertonung zahlreicher Goethe-Gedichte
Grab:

Garnisonfriedhof von 1722
Linienstraße 207–212/Kleine Rosenthaler Straße

Karl Friedrich Freiherr von dem Knesebeck

Geb. 05. 05. 1768 in Karwe b. Neuruppin · Gest. 12. 01. 1848
daselbst
    Preußischer Generalfeldmarschall
    1813 Generaladjutant Friedrich Wilhelms III.
Grab: Am Eingang (halbes Gitter)

Ludwig Adolf Freiherr von Lützow

Geb. 10. 05. 1782 in Berlin · Gest. 06. 12. 1834
    General-Major
    1813 Gründung des Freikorps („Die schwarze Schar")
Grab: Linke Seite – hellglänzendes Gold-Gitter

Friedrich Heinrich Karl Baron de La Motte-Fouqué

Geb. 12. 02. 1777 in Brandenburg/Havel · Gest. 23. 01. 1843
    Dichter
    „Undine", 1811
Grab: In der Nähe des Lülzow-Grabes

Invalidenfriedhof
Scharnhorststraße 32

Der 1748 angelegte Friedhof liegt im Grenzgebiet. Die Grenze ist der
Spandauer Schiffahrtskanal. Die Mauer verläuft zwischen Scharn-
horst-Straße und dem Kanal. Ein paar Gräber, die noch bestehen
müßten, werden aufgeführt.

Karl Friedrich Friesen

Geb. 25. 09. 1784 in Magdeburg · Gest. 16. 03. 1814 (gefallen)
La Lobbe
  Gründer des ersten Turnplatzes in der Hasenheide
  Maßgeblich an Erneuerung der preußischen Armee nach 1806
  beteiligt.

Friedrich von Holstein

Geb. 24. 04. 1837 in Schwedt · Gest. 08. 05. 1909
  Diplomat, „Graue Eminenz"

Manfred Freiherr von Richthofen

Geb. 02. 05. 1892 in Breslau · Gest. 21. 04. 1918 in Vaux-sur-Somme
  Jagdflieger im Ersten Weltkrieg
  „Der rote Baron"
  Träger des Pour le mérite

Gerhard von Scharnhorst

Geb. 12. 11. 1755 in Bordenau (Hannover) · Gest. 28. 06. 1813
in Prag
  Preußischer General

Alfred Graf von Schlieffen,

Geb. 28. 02. 1833 in Berlin · Gest. 04. 01. 1913
  Feldmarschall
  1891–1905 Chef des Generalstabes („Schlieffen-Plan" für den
  Weltkrieg)

Friedrich Bogislav Emanuel Graf Tauentzien von Wittenberg

Geb. 15. 09. 1760 in Potsdam · Gest. 20. 02. 1824
  Königl. Preußischer General der Infanterie
  Während der Befreiungskriege 1814 Sturm seiner Armee
  auf Wittenberg, Großbeeren und Dennewitz
  Gouverneur von Berlin

Kirchhof der Dorotheenstädtischen und der Friedrichwerderschen Gemeinde
Chausseestraße 126

Johannes Robert Becher

Geb. 22. 05. 1891 in München · Gest. 11. 10. 1958
  Lyriker, Erzähler
  Essayist und Dramatiker
  1919 Mitglied der KPD
  1935–1945 Chefredakteur der „Internationale Literatur
  Deutsche Blätter" in Moskau
  1948–1953 Präsident des deutschen PEN-Zentrums
  1953–1956 Präsident der deutschen
  Akademie der Künste
  (Ost-Berlin)
  1954 Minister für Kultur der DDR
Grab: ADM 37–40

Peter Christoph Wilhelm Beuth

Geb. 28. 12. 1781 in Cleve · Gest. 27. 09. 1853
  Förderer von Gewerbe und Industrie
  1828 Direktor im Innen- und Finanzministerium
  Gründer Gewerbeinstitut, Berlin,
  Provinzialgewerbe-Schulen und
  Allgemeine Bauschulen
  und mit Schinkel das Kunstgewerbemuseum
Grab: Allee L – 2 – 15

Gustav Blaeser

Geb. 09. 01. 1813 in Düsseldorf · Gest. 20. 04. 1874
in Cannstadt
  Bildhauer
  Schüler von Rauch
Grab: M 2 – 38

August Boeckh

Geb. 27. 12. 1785 in Karlsruhe · Gest. 03. 08. 1867
   Altertumsforscher, Altphilologe
   Bedeutender Kenner der klassisch-griechischen Inschriften
   1811 Professor an der Friedrich-Wilhelms-Universität, mehrfach
   deren Rektor
   Träger dess Pour le mérite (Friedensklasse)
   1857 Ehrenbürger der Stadt Berlin
Grab: O –

Johann Karl Friedrich August Borsig

Geb. 23. 06. 1804 in Breslau · Gest. 06. 07. 1854
   Maschinenbauer, Industrieller
   1837 Maschinenbauanstalt
   1841 Erster Lokomotivenbau
   1847 100. Lokomotive gebaut
   1849 Neue Maschinenfabrik in Moabit
Grab: Allee L 1 – 74

Bertolt Brecht, eigtl. Eugen Berthold Friedrich Brecht

Geb. 10. 02. 1898 in Augsburg · Gest. 14. 08. 1956
   Dramatiker, Regisseur, Erzähler und Kunsttheoretiker
   ,,Die Dreigroschenoper", 1928
   ,,Mutter Courage und ihre Kinder", 1939
   ,,Die Verurteilung des Lukullus" (Oper), 1951
Grab: A D M 26 – 29

Arnold Bronnen

Geb. 19. 08. 1895 in Wien · Gest. 12. 10. 1959
   Schriftsteller, Dramatiker, Kritiker
   1945 Mitglied der KPD/SED, früher rechtsradikal (1929)
   Drama: ,,Vatermord", 1920
   Werk: ,,arnold Bronnen gibt zu protokoll", 1954
Grab: J – 8 – 26

Theodor Brugsch

Geb. 11. 10. 1878 in Graz · Geb. 11. 07. 1963
Mediziner (Internist), Professor
1959 Vizepräsident des deutschen Kulturbundes
Mitglied der Akademie der Naturforscher in Halle/Saale
Hauptwerk: ,,Ganzheitsproblematik", 1935
Sein Vater: Heinrich Brugsch-Pascha
Grab: M 2 – 5

Rudolf von Delbrück

Geb. 16. 04. 1817 in Berlin · Gest. 01. 02. 1903
Staatsmann
1859 Direktor im Handelsministerium
1867 Präsident des Bundeskanzleramts im Norddeutschen
Bund
Enger Mitarbeiter Bismarks
1870 Verhandlungsführer mit den Südd. Höfen zur Errichtung
des Deutschen Reiches
,,Lebenserinnerungen" 1817–1867, 2 Bde., 1905
Grab: M 2 – 12

Paul Dessau

Geb. 19. 12. 1894 in Hamburg · Gest. 28. 06. 1979
Komponist
Vizepräsident der Akademie der Künste in Ost-Berlin
Musik: ,,Deutsches Miserere", 1944–1947
Musik zu 60 Filmen u. a. ,,Mutter Courage", 1946
Opern u. a. ,,Puntila", 1966
,,Das Verhör des Lukulls", 1951/1960
Grab: H 2 – 17

Johannes Dieckmann

Geb. 19. 01. 1893 in Fischerhude b. Bremen · Gest. 22. 02. 1969
  Politiker, 1919 DVP
  Mitarbeiter Stresemanns
  1948–1951 sächsischer Justizminister
  Mitbegründer der Liberal-Demokratischen Partei.
  1949 Präsident der Volkskammer der DDR
Grab: Allee L 1 – 1/2

Hanns Eisler

Geb. 06. 07. 1898 in Leipzig · Gest. 06. 09. 1962
  Komponist
  1933 Bühnenmusik für Brecht-Dramen
  1933 Emigration (USA) und 1938–1948 Dozent an der
  University of Southern California; Filmmusik in Hollywood
  Mitglied der Akademie der Künste (DDR)
  Hymne der DDR
Grab: H 3 – 31

Erich Engel

Geb. 14. 02. 1891 in Hamburg · Gest. 10. 05. 1966
  Regisseur
  1945–1947 Intendant der Münchner Kammerspiele, seitdem
  Regisseur der DEFA und des Deutschen Theaters
  Filme u. a.: ,,Affäre Blum", 1949
Grab: H 1 – 15

Fritz Erpenbeck

Geb. 05. 04. 1897 in Mainz · Gest. 12. 02. 1975
  Schriftsteller, Chefredakteur
  1959 Chefdramaturg der Berliner Volksbühne
Grab: U III 1–2

Gertrud Eysoldt

Geb. 30. 11. 1870 in Pirna · Gest. 06. 01. 1955
Schauspielerin
1920–1921 Direktorin vom „Kleines Schauspielhaus"
in der Fasanenstraße
1902–1921 Reinhardt-Ensemble (Hauptrolle in der Premiere
von Wedekinds „Lulu")
Grab: H 4 – 18

Johann Gottlieb Fichte

Geb. 19. 05. 1762 in Rammenau b. Bischofswerda, Oberlausitz ·
Gest. 29. 01. 1814
Philosoph
1794 Professor in Jena
„Grundlage der gesamten Wissenschaftslehre", 1794
1805 Erlangen
1806 Königsberg („Reden an die deutsche Nation")
1811/12 Rektor der Friedrich-Wilhelms-Universität Berlin
Grab: H 4 – 22

Georg Ludwig Hartig

Geb. 02. 09. 1764 in Gladenbach b. Marburg · Gest. 02. 02. 1837
Forstwissenschaftler und -organisator
Gründer eines Forstlehrinstituts
Organisator des preußischen Forstwesens
„Forstwissenschaft", 1831
Grab: B 2 – 1/2/3

John Heartfield, eigtl. Helmut Herzfeld

Geb. 19. 06. 1891 in Berlin · Gest. 26. 04. 1968
Graphiker, Bildpublizist und Bühnenbildner
1919 Mitbegründer der Berliner Dada-Gruppe
Entwickelt die Fotomontage zum Mittel der politischen Karikatur
Bühnenbildner an der Reinhardt- und Piscator-Bühne
1933 Emigration, Rückkehr 1950
Grab: H 9 – 23

Georg Wilhelm Friedrich Hegel

Geb. 27. 08. 1770 in Stuttgart · Gest. 14. 11. 1831
  Philosoph
  1793–1800 Hauslehrer
  1816 Professor in Heidelberg
  1818 Professor in Berlin
  „Phänomenologie des Geistes", 1807
  „Logik", 1812–1816
  „Enzyklopädie der philosophischen Wissenschaften", 1817
  (1827 und 1830 erweitert)
Grab: H 4 – 20

Georg Heinrich Friedrich Hitzig

Geb. 08. 04. 1811 in Berlin · Gest. 11. 10. 1881
  Baumeister, Geheimer Oberbaurat. Schüler Schinkels
  1875 Präsident der Kunstakademie
  Börse, Technische Hochschule Berlin
Grab: M 1 – 21

Friedrich Eduard Hoffmann

Geb. 19. 10. 1818 · Gest. 03. 12. 1900
  Besitzer einer Tonwarenfabrik
  Nach ihm benannt: Ziegelringöfen mit zentraler Feuerung
Grab: G 2 – 32

August Wilhelm von Hofmann

Geb. 08. 04. 1818 in Gießen · Gest. 05. 05. 1892
Chemiker, Professor
Erfinder der Anilinfarben
(Anstoß zur Gründung der Teerfarbenindustrie)
Einfluß auf die Entwicklung der organischen Chemie
„Einleitung in die moderne Chemie", 1877
Grab: K 9 – 9

Christoph Wilhelm Hufeland

Geb. 12. 08. 1762 in Langensalza, Thüringen · Gest. 25. 08. 1836
   Mediziner (Arzt und Forscher)
   Verdient um Einführung der Pockenschutzimpfung (Jenner)
   1798 Berlin (Charité)
   1810 Staatsrat im Ministerium für medizinale Angelegenheiten
   „Makrobiotik oder die Kunst das Leben zu verlängern", 1798
   Gründung der „Hufeland-Stiftung" zur Unterstützung
   notleidender Ärzte und Familien
Grab: A 2 M – 31–35

Franz Krüger

Geb. 10. 09. 1797 in Großbadegast b. Köthen · Gest. 21. 01. 1857
   Maler („Pferde-Krüger")
Grab: Allee 1 – 45

Wolfgang Langhoff

Geb. 06. 10. 1901 in Berlin · Gest. 25. 08. 1966
   Schauspieler, Regisseur
   1946 Intendant des Deutschen Theaters
   „Die Moorsoldaten" (Bericht aus dem KZ Esterwegen)
   Vizepräsident der Akademie der Künste der DDR
Grab: M 2 – 19

Ernst Theodor Amandus Litfaß

Geb. 11. 02. 1816 in Berlin · Gest. 27. 12. 1874
   Druckereibesitzer
   01. 07. 1855 Aufstellung der ersten „Litfaßsäule"
   an der Jungfernbrücke
Grab: H 1 – 6

Heinrich Mann

Geb. 27. 03. 1871 in Lübeck · Gest. 12. 03. 1950 in Santa Monica,
Kalifornien
   Schriftsteller und Essayist, „Professor Unruh", 1905

„Jugend und Vollendung des Königs Henri Quatre", 1932–1938
Bruder von Thomas Mann
Grab: AdM 36

Alfred Matusche

Geb. 08. 10. 1909 in Leipzig · Gest. 31. 07. 1973 in Karl-Marx-Stadt
Dramatiker, Lyriker, auch Erzählungen
Lessing-Preis
„Die Dorfstraße", Drama, 1955
„Das Lied meines Lebens", Drama, 1969
Grab: U VI – 7 – 4

Friedrich Christian Adolph von Motz

Geb. 18. 11. 1775 in Kassel · Gest. 30. 06. 1830
Preußischer Staatsmann
1820 Zollvertrag mit Hessen-Darmstadt (Voraussetzung für den
Deutschen Zollverein)
1825 Finanzminister
Grab: Allee L 2 – 77

Otto Nuschke

Geb. 23. 02. 1883 in Frohburg, Sachsen · Gest. 27. 12. 1957
Politiker
1945 Mitbegründer der CDU und seit 1948 Vorsitzender der
Ost-CDU
1949 Stellvertretender Ministerpräsident der DDR
Grab: Allee 1 – 16

Christian Daniel Rauch

Geb. 02. 01. 1777 in Arolsen · Gest. 03. 12. 1857 in Dresden
Bildhauer, Begründer der Berliner Bildhauerschule
Sarkophage im Charlottenburger Mausoleum
Friedrich II., Denkmal Unter den Linden
Ehrenbürger von Berlin
Grab: Allee L 1 – 68

Hans José Rehfisch

Geb. 10. 04. 1891 in Berlin · Gest. 09. 06. 1960 in Schuls, Schweiz (Engadin)
Dramatiker
1951–1956 Präsident des Verbandes deutscher
Bühnenautoren und Komponisten
„Die Affäre Dreyfus" (Dokumentarfilm)
„Wasser für Canitoga", 1937
„Bumerang", 1960
Grab: D 10 – 8

Gottfried Schadow

Geb. 20. 05. 1764 in Berlin · Gest. 27. 01. 1850
Bildhauer und Graphiker
1788 Hofbildhauer
1815 Direktor der Akademie der Künste
Viergespann auf dem Brandenburger Tor, 1794
Grabmal des Grafen von der Mark, 1789/90
Grab: Allee 2

Karl Friedrich Schinkel

Geb. 13. 03. 1781 in Neuruppin · Gest. 09. 10. 1841
Preußischer Oberlandesbaudirektor
Baumeister des Klassizismus, prägte das Berliner Stadtbild
Schauspielhaus, Neue Wache, Bauakademie, Singakademie,
Altes Museum in Berlin
Nicolaikirche, Potsdam
„Grundlagen der praktischen Baukunst", 1834
Grab: Allee L – 1 – 17

Johannes Schulze

Geb. 15. 01. 1786 in Bruel, Mecklenburg · Gest. 20. 02. 1869
Pädagoge und Schulpolitiker
1818–1858 Vortr. Rat im preußischen Kultusministerium
Ausbau des Gymnasiums und der Lehrerfortbildung im Sinne
des Neuhumanismus
Grab: M 2 – 4

Johann Heinrich Strack

Geb. 06. 07. 1805 in Bückeburg · Gest. 13. 06. 1880
Baumeister, Geheimer Oberbaurat
Schüler von Schinkel
Nationalgalerie, 1866–1876
Grab: H 7 – 32

Bodo Uhse

Geb. 12. 03. 1904 in Rastatt · Gest. 02. 07. 1963
Schriftsteller
Reportagen, Essays, Erzählungen, Romane
1920 Teilnahme am Kapp-Putsch
1936 Teilnahme am Spanischen Bürgerkrieg
1949–1958 Hrsg. der Zeitschrift ,,Der Aufbau" (Ost-Berlin)
1963 ,,Sinn und Form"
,,Söldner und Soldat" (Moskau, Paris), 1935
Grab: H 1 – 9

Rudolf Wagner-Règeny

Geb. 28. 08. 1901 in Sächsisch-Regen, Siebenbürgen · Gest.
18. 09. 1969
Komponist
1947 Rektor der Musikhochschule Rostock
1950 Hochschule für Musik Berlin (Ost)
Opern: ,,Die Bürger von Calais", 1939
,,Das Bergwerk in Falun", 1961
Ballette, Orchester-, Kammermusik
Grab: H 9 – 20

Helene Weigel-Brecht

Geb. 12. 05. 1900 in Wien · Gest. 06. 05. 1971
Schauspielerin, Theaterleiterin, Professor
(verh. mit Bertolt Brecht)
Gründung (gemeinsam mit Caspar Neher und Erich Engel) des
,,Berliner Ensembles" im Theater am Schiffbauerdamm, 1949
,,Mutter Courage"
Grab: A 8 M – 26–29

Arnold Zweig

Geb. 10. 11. 1887 in Glogau · Gest. 26. 11. 1968
   Schriftsteller, Erzähler und Dramatiker
   1950–1953 Präsident der deutschen Akademie der Künste
   (Ost-Berlin)
   Roman: ,,Romain Rolland"
   Essays: Lessing, Kleist, Büchner, 1925
   ,,Der Streit um den Sergeanten Grischa", 1927
Grab: M 1 – 56

Kirchhof der Sophien-Gemeinde
Bergstraße 29 – Pappelplatz

Wilhelm Friedrich Ernst Bach

Geb. 27. 05. 1759 in Bückeburg · Gest. 25. 12. 1845
   Pianist, Cembalist z. Z. der Königin Luise
   Musiklehrer ihrer Kinder
   Der Letzte Enkel J. S. Bachs
Grab: IX – V

Carl Friedrich Bechstein

Geb. 01. 06. 1826 in Gotha · Gest. 06. 03. 1900
   Gründer der Pianofortefabrik (1853)
Grab: IX – 1 – 1–5

Theodor Hosemann

Geb. 24. 09. 1807 in Brandenburg/Havel · Gest. 15. 10. 1875
   Maler, Zeichner (Buchillustrationen), Professor
   1834–1852 Zusammenarbeit mit Glaßbrenner, dessen Schriften
   er fast alle illustriert.
   1857 Professor
   1874 Heinrich Zille Schüler Hosemanns
Grab: Abtlg. VIII – 25 – Gitter 34/35

242

Walter Kollo, eigtl. Kolodziepski

Geb. 28. 03. 1878 in Neidenburg, Ostpreußen · Gest. 30. 09. 1940
  Komponist
  40 Operetten
  „Wie einst im Mai", 1913
  „Drei alte Schachteln", 1917
Grab: IX – 40–41

Albert Lortzing

Geb. 23. 10. 1801 in Berlin · Gest. 21. 01. 1851
  Komponist, Sänger, Schauspieler und Theaterkapellmeister
  Opern u. a.: „Zar und Zimmermann", 1837
  „Der Wildschütz", 1842
  „Der Waffenschmied", 1846
Grab: Abtlg. IX – 6 – 47/48

Max Stirner, eigtl. Kaspar Schmidt

Geb. 25. 10. 1806 in Bayreuth · Gest. 26. 06. 1856
  Philosoph, Lehrer, Journalist
  Hauptwerk: „Der Einzige und sein Eigentum", 1845
  (Theorie des Anarchismus)
Grab: Abtlg. V – 8 – 53

Kirchhof der St. Hedwig-Gemeinde
Liesenstraße 8

Carl Joseph Begas

Geb. 30. 09. 1794 in Heinsberg b. Aachen · Gest. 24. 11. 1854
  Hofmaler, Professor
  Rom (Nazarener), Düsseldorf, Berlin
  Mitglied der Berliner Akademie der Künste
Grab: Nur ein Grabsteinrest erhalten

Peter von Cornelius

Geb. 23. 06. 1783 in Düsseldorf · Gest. 06. 03. 1867
 Historienmaler
 Anhänger der Nazarener, belebte und entwickelte
 Freskomalerei (Wandmalerei d. Campo Santo der Familie
 Humboldt)
 1841 nach Berlin berufen
Grab: Nahe der alten Kapelle

Carl Sonnenschein

Geb. 15. 07. 1876 in Düsseldorf · Gest. 20. 02. 1929
 Sozialpädagoge
 Gründer und Leiter der kath.-sozial. Studentenbewegung
 Ab 1919 Leiter des akademischen Arbeitsamtes, Mitarbeiter in
 der Studenten- und Künstlerseelsorge
Grab: schwierig zu beschreiben. Auf dem Friedhof erfragen

Kirchhof der Französischen Gemeinde
Chausseestraße 127

Daniel Nikolaus Chodowiecki

Geb. 16. 10. 1726 in Danzig · Gest. 07. 02. 1801
 Maler, Kupferstecher und Radierer
 1797 Präsident der Akademie der Künste
Grab: G – 6 – 10

Ludwig Devrient

Geb. 15. 12. 1784 in Berlin · Gest. 30. 12. 1832
 Schauspieler
 Träger des Iffland-Ringes
Grab: E – 15 – 12

Emil Du Bois-Raymond

Geb. 07. 11. 1818 in Berlin · Gest. 26. 12. 1896
Naturforscher (Physiologe)
Grundlegende Untersuchungen über bio-elektrische
Erscheinungen im Muskeln- und Nervensystem
„Untersuchungen über die tierische Elektrizität" 1848–1886
Grab: C – 10 – 20

Marie Anne Dutitre, geb. George („Madame Dutitre")

Geb. 27. 01. 1748 · Gest. 22. 07. 1827
Frau des Seidenhändlers Etienne Dutitre
Schwiegermutter des Bankiers Benecke, Bewohner des Schoe-
ler-Schlößchens, Wilmersdorf
Berliner Original
Grab: E – 5 – 6

Pierre Louis Ravené

Geb. 10. 02. 1793 · Gest. 31. 12. 1861
Industrieller
Nachfolger und Alleininhaber des gleichnamigen Stahl- und
Eisengroßhandels
Begründer der Ravenéschen Gemäldegalerie
Grab: F – 3. und 4. Reihe

Franz Carl Steffeck

Geb. 04. 04. 1818 in Berlin · Gest. 11. 07. 1890 in Königsberg
Maler und Graphiker
1880 Akademiedirektor in Königsberg
Grab: H – 5 – 11

Kirchhof II der Französischen Gemeinde
Liesenstraße 7

Theodor Fontane

Geb. 30. 12. 1819 in Neuruppin · Gest. 20. 09. 1898
Apotheker, Journalist, Schriftsteller, Kritiker
Gedichte, 1851
,,Wanderungen durch die Mark Brandenburg", 4 Bde.,
1862–1882
,,Vor dem Sturm", 1878
,,Irrungen, Wirrungen", 1888
,,Der Stechlin", 1897
Grab: Durch den Friedhof führ ein Weg zu Fontanes Grab

Friedhof der Jüdischen Gemeinde
(seit 1672, geschlossen 1827)
Große Hamburger Straße 26–27

Moses Mendelssohn

Geb. 06. 09. 1729 in Dessau · Gest. 04. 01. 1786
Philosoph
Übersetzer von Teilen des Alten Testament ins Deutsche
(1780–1783)
,,Jerusalem oder über religiöse Macht und Judentum"
Großvater des Komponisten F. Mendelssohn-Bartholdy, Freund
Lessings (Vorbild für ,,Nathan der Weise")
Grab: Mauerstück, Rest alten Grabsteins. Neuerrichtetes Monument
an der eigentlichen Grabstelle.
Friedhof vom Zweiten Weltkrieg zerstört

Bezirk Pankow

Städtischer Friedhof Pankow III
Leonhard-Frank-Straße

Hans Fallada, eigtl. Rudolf Wilhelm Ditzen

Geb. 21. 07. 1893 in Greifswald · Gest. 05. 02. 1947
Verlagslektor, Schriftsteller
„Bauer, Bonzen und Bomben", 1931
„Kleiner Mann – was nun?", 1932
„Wer einmal aus dem Blechnapf frißt", 1934
„Jeder stirbt für sich allein", 1947
Grab: Abtlg. UW 13 – 326

Paul Julius Gottlieb Nipkow

Geb. 22. 08. 1860 in Lauenburg, Pommern · Gest. 24. 08. 1947
Ingenieur
1884 Anfang des Fernsehens (Nipkow-Scheibe)
Grab: Abtlg. A 15 – 63

Städtischer Friedhof Pankow IV Niederschönhausen
Buchholzstraße

Carl von Ossietzky

Geb. 03. 10. 1889 in Hamburg · Gest. 04. 05. 1938
Schriftsteller, Publizist
1919/20 Sekretär der „Deutsche Friedensgesellschaft"
1924–1926 Redakteur „Das Tagebuch"
1926 Hauptschriftleiter der „Weltbühne"

1931 Gefängnis (Verrat militärischer Geheimnisse)
1933 Gestapo-Haft
1935 Nobelpreis
Tod als Folge der Haft
Grab: A 1 – 35

Max Skladanowsky

Geb. 30. 04. 1863 in Berlin · Gest. 30. 11. 1939
Filmtechniker und -produzent
1892 Bau einer Aufnahmekamera und eines Vorführapparats
Im November 1895 im ,,Wintergarten" erste Filmvorführung
Grab: Erbb. 24

Kirchhof im Schloßpark Buch
Alt-Buch-Straße

Adolf Wermuth

Geb. 10. 11. 1842 in Freiburg · Gest. 11. 10. 1927
Politiker, Staatssekretär
1912–1920 Oberbürgermeister von Berlin
Grab: Gleich hinter der Kirche

Bezirk Prenzlauer Berg

Kirchhof der St. Nicolai und St. Marien-Gemeinde
(heute St. Marien- und Klostergemeinde)
Prenzlauer Allee 7

Heinrich Wilhelm Dove

Geb. 06. 10. 1803 in Liegnitz · Gest. 04. 04. 1879
  Physiker und Meteorologe
  1848 Direktor des auf seine Anregung
  gegründeten Meteorologischen Instituts
  Begründer der Wetterkunde
Grab: 2 – 5 – 47

Christian Gottfried Ehrenberg

Geb. 19. 04. 1795 in Delitzsch b. Leipzig · Gest. 27. 06. 1876
  Naturforscher
  Mikrobiologe und Mikropaläontologe
  1826 ordentlicher Professor an der Friedrich-Wihelms-Universi-
  tät, Berlin
  1829 mit Alexander von Humboldt nach Asien

Grab: 9 – 9 – 26

Karl Ludwig Friedrich von Hinckeldey

Geb. 01. 09. 1805 in Sinnershausen (Thüringen) · Gest. 10. 03. 1856
(im Duell erschossen)
  14. 01. 1848 Polizeipräsident
  Generalpolizeidirektor und
  Abteilungsvorstand der Abteilung Polizei im Innenministerium
  Einrichtung von Speiseanstalten, Bade- und Waschanstalten
  Feuerwehr und Gesindeherbergen
Grab: Abtlg. 10 – Randmauer (Prenzlauer Allee)

Eduard Knoblauch

Geb. 25. 09. 1801 in Berlin · Gest. 29. 05. 1865
Architekt
Begründer des Architektenvereins
Baumeister der Russischen Botschaft und der Synagoge
in der Oranienburger Straße
Grab: Abtlg. Hallenweg

Johann Christian Poggendorff

Geb. 29. 12. 1796 in Hamburg · Gest. 24. 01. 1877
Physiker
1820 Erfindung (mit J. S. Chr. Schweiggen) des Galvanoskops
1824 ff. Hrsg. der ,,Annalen der Physik und Chemie"
1863 Begründer des ,,Biographisch-literarisches
Handwörterbuch der exakten Naturwissenschaften"
Grab: Abtlg. 1 – 24 – 5

Carl Ritter

Geb. 07. 08. 1779 in Quedlinburg · Gest. 28. 09. 1859
Geograph
,,Die Erdkunde im Vergleich zur Natur und Geschichte des
Menschen", 2 Bde., 1817/18 (2. Aufl. 19. Bde., 1822–1859)
Grab: 6a – 1 – 40

Christian Bernhard Rode

Geb. 25. 07. 1725 in Berlin · Gest. 24. 06. 1797
Maler
Schüler von Pesne und Vanloo in Paris
1782 Akademiedirektor in Berlin
Allegorisch-geschichtliche und religiöse Bilder spätbarocken
Stils für Schlösser und Kirchen Berlins und Potsdams
Grab: 8 – 6 – 8

Friedhof der Jüdischen Gemeinde
Schönhauser Allee 23/25

Ludwig Bamberg

Geb. 22. 07. 1823 in Mainz · Gest. 14. 03. 1899
   Publizist, Politiker
   Finanzberater von Bismarck
Grab: Auf Friedhof erfragen

Ludwig Geiger

Geb. 05. 06. 1848 in Breslau · Gest. 09. 02. 1919
   Kultur- und Literarhistoriker
   Herausgeber des Goethe-Jahrbuchs (1880–1913)
   „Geschichte der Juden in Berlin", 2 Bde.
Grab: Erbb. 718 – Nr. 22 – 309

Eduard Lasker

Geb. 14. 10. 1829 in Jarotschin, Posen · Gest. 05. 01. 1884
in New York
   Politiker, Jurist
   1862–1879 Mitglied des preußischen Abgeordnetenhauses
   1867–1884 Mitglied des Reichstages
   1866 Mitgründer der Nationalliberalen Partei
   1876 Strafrechtsreform
   „Gesammelte Aufsätze zur Verfassungsgeschichte Preußen",
   1874
Grab: Erbb. 718 – Nr. 22 – 309

Max Liebermann

Geb. 20. 07. 1847 in Berlin · Gest. 08. 02. 1935
   Maler und Graphiker, Professor
   Radierungen, Lithographien, Illustrationen
   1884 Gründung der „Sezession"
   1920–1933 Mitglied des Präsidiums der Akademie der Künste
Grab: Erbb. 326 Stein 22 657

Giacomo Meyerbeer, eigtl. Jakob Liebmann Meyer Beer

Geb. 05. 09. 1791 in Berlin · Gest. 02. 05. 1864 in Paris
  Komponist
  1842 Generalmusikdirektor der Kgl. Oper
  Hauptvertreter der „französischen" Oper
  Opern: „Die Hugenotten", 1836
  „Die Afrikanerin", 1864
Grab: Allgemein sichtbar; soll bis 1991 restauriert werden

Leopold Ullstein

Geb. 06. 09. 1826 in Fürth · Gest. 04. 12. 1899
  1848 Gründung einer Papiergroßhandlung
  1871–1876 Mitglied der Berliner Stadtverordnetenversammlung
  1877 eigene Firma in der Zimmerstraße und erste Tageszeitung:
  „Neues Berliner Tageblatt"
  1898 erste Ausgabe der „Berliner Morgenpost"
Grab: Nr. 21 508

Leopold Zunz

Geb. 10. 08. 1794 in Detmold · Gest. 17. 03. 1886
  Religions- und Literarhistoriker
  Jüdischer Prediger
  1819 Gründer der Wissenschaft des Judentums
  „Die gottesdienstlichen Vorträge der Juden", 1831
Grab: Nr. 20 383

Bezirk Weißensee

Friedhof der Jüdischen Gemeinde Berlin
Herbert-Baum-Straße 45

Simon Bernfeld

Geb. 06. 01. 1860 in Stanislau · Gest. 03. 02. 1940
Privatgelehrter, vormals Großrabbiner in Belgrad
Buch: ,,Buch der Träume", 4 Bde., 1924–1926
Grab: G 1 – 760

Oskar Blumenthal

Geb. 13. 03. 1852 in Berlin · Gest. 24. 04. 1917
Schriftsteller, Theaterkritiker (polemisch-satirische Aufsätze)
1887 Feuilleton-Redakteur am ,,Berliner Tageblatt"
1888 Gründung des Lessing-Theaters
1898 ,,Im weißen Rößl" (gemeinsam mit G. Kadelburg)
Grab: Abtlg. U II – Erbb. 1683–5059

Oskar Cassel

Geb. 04. 06. 1849 · Gest. 08. 08. 1923
Rechtsanwalt, Historiker
1901 Mitbegründer des Hilfsvereins der deutschen Juden
für notleidende Juden in Osteuropa und Vorsitzender
des Verbandes der deutschen Juden
1903–1919 Abgeordneter im Preußischen Landtag
1914 Ehrenbürger der Stadt Berlin
Grab: G I – Ehrenreihe Nr. 64 842

Hermann Cohen

Geb. 04. 07. 1842 in Coswig, Anhalt · Gest. 04. 04. 1918
Philosoph
Hauptvertreter des Neukantianismus der Marburger Schule
,,Kants Theorie der Erfahrung", 1871
,,Kants Begründung der Ethik", 1877
,,System der Philosophie", 1902–1912
Grab: Abtlg. A I – Ehrenreihe – 52669

Samuel Fischer

Geb. 24. 12. 1859 in Liptovsky-Mikulaš, Tschechoslowakei · Gest.
15. 10. 1934
Verleger
1886 Gründung des S. Fischer Verlages
Förderer des Naturalismus
1894 ,,Neue Deutsche Rundschau"
1903 ,,Neue Rundschau"
Grab: Abtlg. J IV – Erbb. 2001 – 90401

Albert Fraenkel

Geb. 10. 03. 1848 in Frankfurt (Oder) · Gest. 06. 07. 1916
Internist
1884 Entdeckung des Erregers der Lungenentzündung
Grab: Abtlg. Q I – Erbb. 266 – 48796

Karl Emil Franzos

Geb. 25. 10. 1848 in Czortkáw, Galizien · Gest. 28. 01. 1904
Schriftsteller
Kulturelle Erzählungen aus liberaler Sicht im Milieu des galizi-
schen und osteuropäischen Judentums
Buch: ,,Die Juden von Barnow", 1877
Grab: Abtlg. A I – Ehrenreihe – 26 268

Eugen Goldstein

Geb. 05. 09. 1850 in Gleiwitz, Schlesien · Gest. 25. 12. 1930
Physiker, Professor
1876 Einführung der Bezeichnung Kathodenstrahlen
1886 Entdeckung der Kanalstrahlen
Grab: Abtlg. G I – Ehrenreihe – 81 810

Moritz Heimann

Geb. 19. 07. 1868 in Werder/Havel, Krs. Niederbarnim · Gest.
22. 09. 1925
Schriftsteller
Lektor im S. Fischer Verlag mit großem Einfluß auf die moderne
deutsche Literatur
Dramen, Komödien, Novellen
Drama: ,,Die Liebesschule", 1905
Grab: Abtlg. P IV – R. 20 – 69563

Max Hirsch

Geb. 30. 12. 1832 in Halberstadt · Gest. 26. 06. 1905
in Homburg v. d. H.
Verlagsbuchhändler, Politiker
Mitglied der deutschen Arbeiterbewegung
1868 Gründung, mit F. Duncker, der Deutschen Gewerkschaften
nach englischem Vorbild
Hauptwerk: ,,Die hauptsächlichen Streitfragen der
Arbeiterbewegung", 1886
Grab: Abtlg. P IV – R. 20 – 69563

Georg Huth

Geb. 25. 02. 1867 · Gest. 01. 06. 1906
Privatdozent
Linguist, Asiatologe und Tibetologe
,,Geschichte des Buddhismus in der Mongolei", 2 Bde.
Grab: Abtlg. X 2 – R. 4

Eduard Jacobsohn

Geb. 10. 11. 1833 · Gest. 29. 01. 1897
Schriftsteller, erfolgreicher Possendichter
Grab: Abtlg. A I – R. 28

Adolph Jandorf

Geb. 07. 02. 1870 · Gest. 12. 01. 1932
Kommerzienrat
Kaufhausgründer
1892 A. Jandorf & Co. am Spittelmarkt
1907 Kaufhaus des Westens GmbH
Grab: Abtlg. T II – Erbb. 1220 – 84208

Lina Morgenstern, geb. Bauer

Geb. 25. 11. 1830 in Breslau · Gest. 19. 12. 1909
Schriftstellerin
Soziale Fürsorgerin (bes. Kindererziehung und Mädchenschutz)
1866 Gründung der Volksküche
1868 Kinderschutzverein
1873 Hausfrauenverein
Grab: Abtlg. U I – R. 11 – 36 262

Rudolf Mosse

Geb. 09. 05. 1843 in Grätz b. Wollstein, Posen · Gest. 08. 09. 1920
Verleger
1867 Gründung einer Anzeigenexpedition mit Niederlassungen
1872 ,,Berliner Tageblatt und Handelszeitung"
1904 ,,Berliner Volkszeitung"
Grab: Abtlg. M I Mauer – Erbb. 127 – 58 357

Louis Ring

Geb. 25. 12. 1853 · Gest. 26. 03. 1926
Stadtrat
1919 Stadtältester
Grab: Abtlg. E V – 4 – 57358

Leopold Sachs

Geb. 18. 06. 1838 · Gest. 13. 03. 1920
  Stadtrat
  1917 Stadtältester
Grab: Abtlg. T II – Erbb. 1190 – 70813

Josef Schwarz

Geb. 30. 09. 1881 in Riga · Gest. 10. 11. 1926
  Kammersänger (Bariton)
  1915 an der Berliner Staatsoper
  1921–1924 Chicago, Metropolitan-Oper
Grab: Mausoleum

Leopold Spiegel

Geb. 29. 05. 1869 · Gest. 03. 02. 1938
  Privatdozent
  1920 Stadtältester
Grab: Abtlg. K III – 7 – 97661

Moritz Steinschneider

Geb. 30. 03. 1816 in Proßnitz/Mähren · Gest. 24. 01. 1907
  Jüdischer Gelehrter
  Bibliograph des jüdischen Schrifttums
  Zahlreiche Kataloge (hebr.), Bücher und Handschriften
Grab: Abtlg. A I – Ehrenreihe – 31 217

Ferdinand Straßmann

Geb. 24. 02. 1838 in Rawitsch · Gest. 19. 04. 1931
  Gynäkologe
  1915 Stadtmediziner des Berliner Gesundheitswesens und
  Ehrenbürger der Stadt Berlin
Grab: Abtlg. A I – Mauer – Erbb. – 82631

Hermann Tietz

Geb. 29. 04. 1837 in Birnbaum, Posen · Gest. 03. 05. 1907
1882 Weißwarengeschäft in Gera
1900 Warenhaus Hermann Tietz (heute Hertie)
Grab: Feld 02 – Erbb. – 864

Alex Tucholsky

Geb. 11. 07. 1855 in Greifswald · Gest. 01. 12. 1905

Doris Tucholsky, geb. Tucholski

Geb. 21. 09. 1869 · Gest. 07. 05. 1943 in Theresienstadt
Eltern von Kurt Tucholsky (K. T. 1890–1935)
Grab: T II – Erbb. 1189

Lesser Ury

Geb. 07. 11. 1861 in Birnbaum, Provinz Posen · Gest. 18. 10. 1931
Maler
Grab: Abtlg. G I – Ehrenreihe – 83 696

Theodor Wolff

Geb. 02. 08. 1868 in Berlin · Gest. 23. 09. 1943 in Oranienburg
Publizist, Politiker, Schriftsteller
1889 Mitbegründer des Vereins „Freie Bühne"
1906 Chefredakteur des „Berliner Tageblatt"
1918 Mitgründer der Deutschen Demokratischen Partei
(Austritt 1926)
1943 in Nizza verhaftet und in Sachsenhausen interniert
(gest. im Israelitischen Krankenhaus in Berlin-Moabit)
„Pariser Tagebuch", 1908
„Der Mensch durch zwei Jahrzehnte", 1936
Seine Leitartikel begründeten seinen Ruhm als Meister des politischen Feuilleton
Grab: Abtlg. A I – R. 10 – 111 226

Kirchhof der Ev. Auferstehungs-Gemeinde
Lichtenberger Straße 110

Peter Fechter

Geb. 14. 07. 1944 · Gest. 17. 08. 1962 (erschossen)
Bauarbeiter
Beim Versuch, die Mauer zu überwinden, erschossen
Grab: Abtlg. XVI – 28

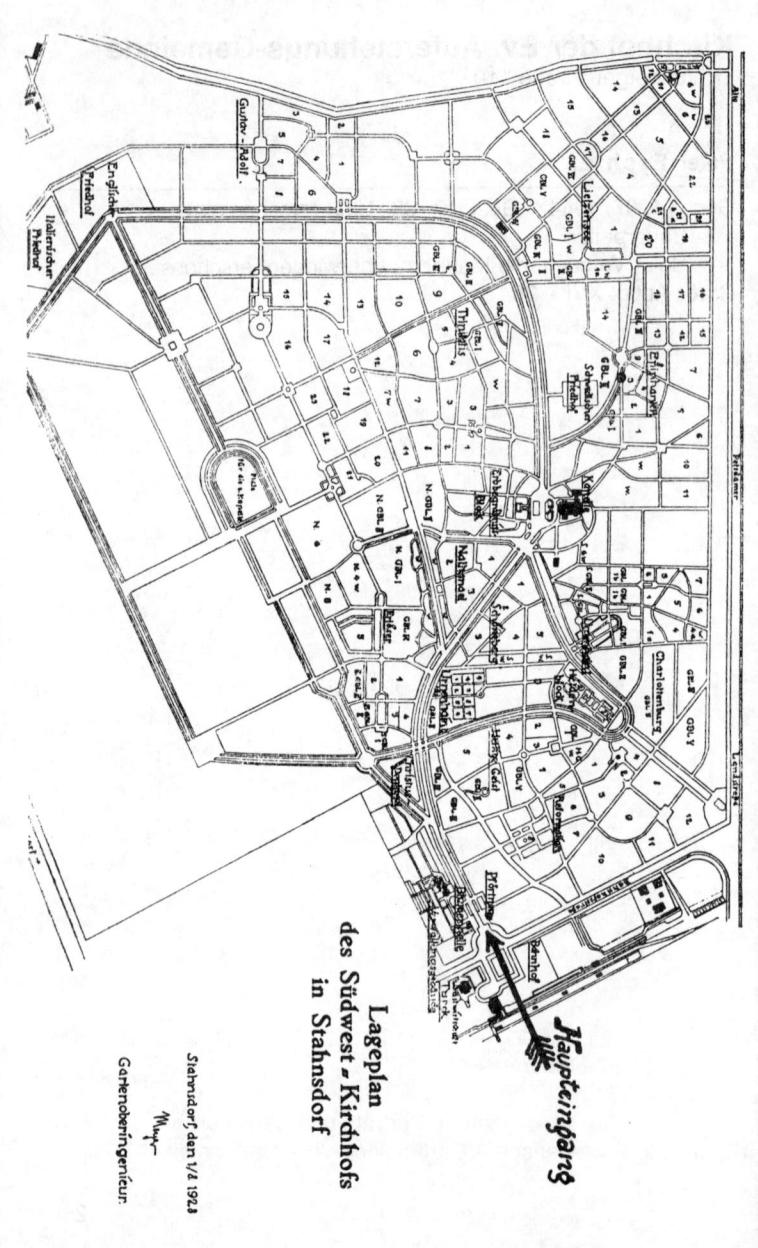

Lageplan
des Südwest = Kirchhofs
in Stahnsdorf

Stahnsdorf, den 1/8 1923

Mayr
Gartenoberingenieur.

Stahnsdorf

Syndalverband der Berliner Stadtmission Stahnsdorf
Südwestkirchhof
Rudolf-Breitscheid-Platz

Georg Graf von Arco

Geb. 30. 08. 1869 in Großgörschütz b. Ratibor · Gest. 05. 05. 1940
Physiker, Hochfrequenzingenieur
Wesentliche Entwicklung in der Funktechnik
1903–1930 technischer Direktor der Telefunken-Gesellschaft
Grab: Block Heiligensee – Erbb. 20   *Ehrengrab*

Elisabeth Baronin von Ardenne geb. Edle Herrin von Plath

Geb. 26. 10. 1853 · Gest. 04. 02. 1952
Vorbild der ,,Effi Briest" in Fontanes Roman
Grab: Block Trinitatis – Gartenblock V – Erbb. 112 a

Adolf Bastian

Geb. 26. 06. 1826 in Bremen · Gest. 02. 09. 1905 in Port of Spain
(Trinidad)
Völkerkundler
1868 Leiter des Museums für Völkerkunde
1869 Zeitschrift für Ethnologie
,,Das Beständige in den Menschenrassen", 1868
Grab: Block Trinitatis – Feld 21 – Wahlstelle 153/154   *Ehrengrab*
(Umgebettet von Schöneberg, Alt-Matthäus-Friedhof)

Fritz Beyer

Geb. 27. 01. 1880 · Gest. 13. 11. 1944
Maler
Aquarelle, Landschaften, Porträts und Karikaturen
Grab: Block Lietzensee – Gartenblock VII – Gartenstelle 47

Arthur Hermann Binz

Geb. 12. 11. 1868 in Bonn · Gest. 24. 01. 1943
    Chemiker
    Geheimer Medizinalrat
    Professor an der Landwirtschaftlichen Hochschule in Berlin
Grab: Trinitatis – Gartenstelle V – 221

August Max Hermann Boost

Geb. 08. 05. 1864 in Berlin · Gest. 19. 10. 1941
    Statiker
    Kuppel des Berliner Doms
Grab: Reformation – Gartenblock III – Erbb. 24
        Urnenhain II – Feldgartenblock I – Wahlstelle 38

Rudolf Breitscheid

Geb. 02. 11. 1874 in Köln · Gest. 24. 08. 1944 beim Fliegerangriff,
KZ Buchenwald
    Volkswirtschaftler, Politiker
    1918 Preußischer Minister des Inneren
    1920–1933 Reichstagsabgeordneter, einflußreicher Führer der
    SPD
    1941 Konzentrationslager
Grab: Block Lietzensee – Feld 22 – Wahlstelle 115

Oskar Busse

Gest. 21. 12. 1908
    Amtsvorsteher
    Vorbild des „Wehrhahn" in G. Hauptmanns „Biberpelz"
Grab: Feld 14 – Wahlstelle 145

Hugo W. Conwents

Geb. 20. 01. 1855 in Danzig · Gest. 1922
    Botaniker, Professor
    Staatl. Kommission für Naturdenkmäler
    Beiträge zur Denkmalspflege
Grab: Block Umbettung – Feld 17 – Wahlstelle 178   *Ehrengrab*

Lovis Corinth

Geb. 21. 07. 1858 in Tapiau, Ostpreußen · Gest. 17. 07. 1925
in Zandvoort, Holland
Maler und Graphiker
1915 Präsident der Berliner Sezession
Grab: Block Trinitatis – Am Feld 8 – Erbb. 47

Hugo Distler

Geb. 24. 06. 1908 in Nürnberg · Gest. 01. 11. 1942 Selbstmord
wegen politischer Verfolgung
Komponist, Organist und Chordirigent (Lübeck, Stuttgart, Berlin)
Schöpfer eines neuen Stils in der evangelischen Kirchenmusik
Chormusik, Motetten
,,Deutsche Chormesse", 1932
Grab: Block Reformation – Feld 10 – Gartenstelle 37

Richard Eilenberg

Geb. 13. 01. 1848 in Merseburg · Gest. 05. 12. 1927
Musikdirektor
(Militär-Knaben-Erziehungsinstitut in Annaburg)
Operetten, Salonstücke
Grab: Block Reformation – Feld 5 – Gartenstelle 26

Otto von Falke

Geb. 29. 04. 1862 in Wien · Gest. 15. 08. 1942 in Schwäbisch-Hall
Kunsthistoriker
1908 Direktor Kunstgewerbemuseum
1920–1927 Generaldirektor der Staatlichen Museen in Berlin
Hervorragender Kenner des Kunstgewerbes
Grab: Block Erlöser – Gartenblock V – Wahlstelle 18

Jean Kurt Forest

Geb. 02. 04. 1909 in Darmstadt · Gest. 03. 03. 1975
Musiker, Komponist
1948–1951 Kapellmeister am Berliner Rundfunk
,,Die Blumen von Hiroshima", 1967
Grab: Block Epiphanie – Feld 14 – Gartenstelle 42

Joachim Gottschalk

Geb. 10. 03. 1904 in Calau · Gest. 06. 11. 1941 Freitod mit Ehefrau
Meta (geb. 1902, Jüdin) und Sohn (geb. 1933)
Schauspieler
Filme: ,,Du und Ich", 1938
,,Die schwedische Nachtigall", 1941
Vorbild zu ,,Ehe im Schatten" (Film 1947)
Grab: Block Charlottenburg – Gartenblock III – Gartenstelle 288–290

Wilhelm Groener

Geb. 22. 11. 1867 in Ludwigsburg/Württemberg · Gest. 03. 05. 1939
in Bornstedt
General
1918 Generalquartiermeister (Nachfolger Ludendorffs)
1918/19 Leiter des Rückmarschs und der Demobilisierung
1931–1932 Reichsinnenminister
,,Der Feldherr wider Willen", 1930
Grab: Block Kapellenfeld – Erbb. 81

Erik Jan Hanussen

Geb. 02. 06. 1889 · Gest. 24. 03. 1933 (ermordet)
Hellseher, ,,Psychographploge"
Grab: Block Kapellenfeld

Engelbert Humperdinck

Geb. 01. 09. 1854 in Siegburg · Gest. 27. 09. 1921 in Neustrelitz
Komponist, Professor
Opern: ,,Hänsel und Gretel", 1893
,,Die Königskinder", 1910
Grab: Block Erlöser – Feld 5 – Erbb. 10

Alexander H. R. von Kluck

Geb. 20. 05. 1846 in Münster i.Westfalen · Gest. 19. 10. 1934
Generaloberst (Befehlshaber der
1. Armee im Ersten Weltkrieg)
,,Pour le mérite"
,,Wanderjahre, Kriege, Gestalten", 1929
Grab: Block Heiligegeist – Gartenblock VI – Erbb. 12

Gustav Langenscheidt

Geb. 21. 10. 1832 in Berlin · Gest. 11. 11. 1895
Sprachlehrer und Verlagsbuchhändler, Professor
1856 Verlagsgründung und gemeinsam mit Dr. Charles Toussaint (gest. 1877) neue Methode fremdsprachlichen Unterrichts in Briefen.
Grab: Umbettung – Abtlg. D – Erbb. 179

Walter Lieck

Geb. 13. 06. 1906 · Gest. 21. 11. 1944
Schauspieler und Schriftsteller
Grab: Urnenhain – Block III – Feld 12 – Nr. 14

Conrad Matschoß

Geb. 09. 06. 1871 in Neutomischel, Posen · Gest. 21. 03. 1942
Ingenieur, Historiker, Professor
Direktor des ,,Verein deutscher Ingenieure"
,,Die Entwicklung der Dampfmaschine", 2 Bde.
Grab: Block Reformation – Gartenblock 1 – Gartenstelle 99

Friedrich Wilhelm Murnau, eigtl. Plumpe

Geb. 28. 12. 1888 in Bielefeld · Gest. 11. 03. 1931 in Santa Barbara (Kalifornien), Autounfall
Filmregisseur
,,Nosferatu – eine Symphonie des Grauens", 1922
Grab: Block Schöneberg – 3 a – Erbb. 5

Adolf Georg Paul

Geb. 06. 01. 1863 auf Bromö i. Vänarsee (Schweden) · Gest. 05. 10. 1943
Schriftsteller
Berichterstatter nordischer Blätter
Komödien, Romane und auch Novellen
,,Der Triumph der Pompadour", Komödie, 1909
,,Strindberg-Erinnerungen und Briefe", 1914
Grab: Abtlg. Schwedenblock – W – 79

Rudolf Penzig

Geb. 30. 01. 1855 · Gest. 20. 04. 1931
   Schriftsteller, Redakteur
   ,,Schopenhauer und die menschliche Willensfreiheit", 1878
   1920 Stadtältester
Grab: Block Charlottenburg – II – Gartenstelle 128

Ferdinand Freiherr von Richthofen

Geb. 05. 05. 1833 in Carlsruhe, Oberschlesien · Gest. 06. 10. 1905
   Geograph
   1868–1872 große Forschungsreisen
   Werk: ,,China, Ergebnisse eigener Reisen und Atlas", 5 Bde.,
   1877–1902
Grab: Umbettungsblock – Abtlg. C – Erbb. 127
   Ehem. Schöneberg, St. Matthäus

Ralph Arthur Roberts, eigtl. R. A. Schönherr

Geb. 02. 10. 1884 in Meerane · Gest. 12. 03. 1940
   Schauspieler
   Direktor des Theaters in der Behrenstraße
   Filme: ,,Der Maulkorb", 1938
   ,,Polterabend", 1940
Grab: Block Charlottenburg – Gartenblock III – Gartenstelle 271

Kurt Georg Roch

Geb. 30. 03. 1881 in Dresden · Gest. 11. 06. 1943
   Bildhauer
   Schöpfer von Tierplastiken
Grab: Block Epiphanie – Gartenblock I – Erbb. 35

Adolf K. Rohrbach

Geb. 28. 03. 1889 · Gest. 06. 07. 1939
   Ingenieur, Flugzeugkonstrukteur
   1923 Erstes Flugboot (Ro II)
   1934 Erstes Windmühlenflugzeug
Grab: Block Lietzensee – Gartenblock IV – Erbb. 19

Carl Ludwig Schleich

Geb. 19. 07. 1859 in Stettin · Gest. 07. 03. 1922 in Saarow b. Berlin
Mediziner, Schriftsteller
1900 Chefarzt der chirurgischen Abteilung im Krankenhaus
Groß-Lichterfelde
1892 Entdeckung einer neuen Methode der Narkose
1897 schmerzlose Operation
,,Besonnte Vergangenheit", 1921
Grab: Block Erlöser – Gartenblock I – Gartenstelle 47/48

Ehrengrab

Arthur Scholz

Geb. 29. 01. 1871 · Gest. 14. 05. 1935
Stadtkämmerer
1920 Stadtältester
Grab: Block Heiliggeist – Block 3 – 63

Carl Friedrich von Siemens

Geb. 05. 09. 1872 in Berlin · Gest. 09. 07. 1941
Senator

Werner von Siemens

Geb. 13. 12. 1816 in Lenthe bei Hannover · Gest. 06. 12. 1892
Ingenieur, Industrieller
Begründer der Elektrotechnik (Dynamomaschine)
1847 gemeinsam mit J. G. Halske Gründung einer
Telegraphenbauanstalt
Grab: Block Trinitatis – Erbb. 22

Ulrich Stutz

Geb. 05. 05. 1868 in Zürich · Gest. 06. 07. 1938
Rechtshistoriker und evangelischer Kirchenrechtslehrer
,,Das Verwandtschaftsbild des Sachsenspiegels", 1890
Grab: Block Trinitatis 11a – Gartenstelle 30/31

Paul Wiegler

Geb. 15. 09. 1878 in Frankfurt am Main · Gest. 22. 08. 1949
Schriftsteller
,,Geschichte der Weltliteratur", 1913
Grab: Block Reformation – Feld 9 – Gartenstelle 56

Heinrich Zille

Geb. 10. 01. 1858 in Radeburg b. Dresden · Gest. 09. 08. 1929
Maler, Zeichner (,,Mein Milljöh")
Grab: Block Epiphanie – Feld 14 – Gartenstelle 35   *Ehrengrab*

Wilmersdorfer Waldfriedhof
Alte Bahnhofstraße

Hans Baluschek

Geb. 09. 05. 1870 in Breslau · Gest. 28. 09. 1935
Maler, Zeichner und Graphiker
Novelle: ,,Spreeluft"
Grab: Abtlg. L I – S III – 334   *Ehrengrab*

Erwin Barth

Geb. 28. 11. 1880 · Gest. 10. 07. 1933
Gartenarchitekt (Gestaltung des Savignyplatzes)
Grab: Abtlg. D V – S 2 – 1 –1a   *Ehrengrab*

Willy Jaeckel

Geb. 10. 11. 1888 in Breslau · Gest. 08. 02. 1944
Maler, Professor
Monumentale Gemälde, später Porträts und Landschaften
Grab: Urne L III – 10 – 236–239

Siegfried Jacobsohn

Geb. 28. 01. 1881 in Berlin · Gest. 03. 12. 1926
1905 Theaterzeitschrift ,,Schaubühne" (1918 ,,Weltbühne")
Grab: Abtlg. L 8 – 161

Rudolf Kögel

Geb. 18. 02. 1829 in Birnbaum, Posen · Gest. 02. 06. 1896
   Evangelischer Theologe
   1863 Hof- und seit 1880 Oberhofprediger
   Generalsuperintendent der Kurmark
   Gründer des Kirchenbauvereins
   „Lasset Euch versöhnen mit Gott", 2 Bde., 1864–1867
Grab: F IV – W III – 125 a

Hugo Lederer

Geb. 16. 11. 1871 in Znaim, Mähren · Gest. 01. 08. 1940
   Bildhauer
   Bismarckdenkmal in Hamburg
Grab: F V – S II – 5 + 5 a

Emil Nikolaus Freiherr von Reznićek

Geb. 04. 05. 1860 in Wien · Gest. 02. 08. 1945
   Komponist, Dirigent
   Opern: „Donna Diana", 1893, „Ritter Blaubart", 1920
Grab: G IV – S IV – 179–180

Willi Schur

Geb. 22. 08. 1888 in Breslau · Gest. 02. 11. 1940
   Schauspieler
   „Berlin – Alexanderplatz", 1931, „Zwielicht", 1940
Grab: H III – S IV – 6

Walter Simons

Geb. 24. 09. 1861 in Elberfeld · Gest. 14. 07. 1937 in Babelsberg
   Jurist und Politiker (parteilos)
   1920–1921 Reichsaußenminister
   1922–1929 Präsident des Reichsgerichts und des Staatsge-
   richtshofs. In dieser Eigenschaft nach Eberts Tod bis Mai 1925
   geschäftsführender Reichspräsident.
   1925–1936 Präsident des evangelisch-sozialen Kongresses
Grab: F I – W II – 26

Verdiente Bürger, die in Berlin begraben sind

Berliner Ehrenbürger
(Städte-Ordnung 1809)

4.	Hein, Ernst Ludwig	1822
23.	Heegewaldt, Johann David	1844
31.	Humboldt, Friedrich Wilhelm Alexander von	1856
34.	Boeckh, Philipp August	1858
35.	Marot, Samuel	1862
36.	Krausnick, Heinrich Wilhelm	1871
39.	Kochhann, Friedrich Heinrich Eduard	1875
41.	Ranke, Leopold von	1885
42.	Koch, Robert	1890
43.	Virchow, Rudolf Ludwig Karl	1891
44.	Menzel, Adolf Friedrich Erdmann von	1895
47.	Hobrecht, Arthur Heinrich Ludwig Johannson	1902
50.	Kirchner, Martin	1912
52.	Cassel, Oscar	1914
53.	Straßmann, Ferdinand	1915
55.	Bamberg, Hermann	1926
57.	Liebermann, Max	1927
64.	Pieck, Wilhelm*	1946
65.	Wissell, Rudolf Karl Ludwig	1949
67.	Löbe, Paul	1955
69.	Kaiser, Jacob	1958
70.	Dibelius, Friedrich Karl Otto	1958
71.	Lüders, Marie-Elisabeth	1958
74.	Warburg, Otto Heinrich	1963
78.	Scharoun, Hans Henry Bernhardt	1969
79.	Schmidt-Rottlf, Karl	1970
80.	Grüber, Heinrich	1970
82.	Friedensburg, Ferdinand	1971
83.	Neumann, Franz	1971

* Pieck – Auf Grund eines Beschlusses der Stadtverordnetenversammlung vom 16. 12. 1948 aus der Liste der Ehrenbürger und der Stadtältesten Berlins gestrichen.

Berliner Oberbürgermeister seit 1809

Carl Friedrich Leopold von Gerlach   1809–1813
Heinrich Wilhelm Krausnick   1837–1862
Arthur Heinrich Ludolf Johannson Hobrecht   1872–1878
Robert Zeller   1892–1898
Martin Kirschner   1899–1912
Adolf Wermuth   1912–1920
Heinrich Sahm   1931–1935

Arthur Werner (parteilos)   17. 05. 1945–10. 12. 1946
Otto Ostrowski (SPD)   05. 12. 1946–17. 04. 1947
Ernst Reuter (SPD)   24. 06. 1947–12. 08. 1947
  sowjetisches Veto
Nach Spaltung der Stadtverwaltung (1948)

Berlin-West

Ernst Reuter   14. 01. 1949–12. 01. 1951
nach der neuen Verfassung ist Berlin Land, und der Oberbürgermeister wird Regierender Bürgermeister
Ernst Reuter (SPD)   13. 01. 1951–29. 09. 1953
Walter Schreiber (CDU)   22. 10. 1953–11. 01. 1955
Otto Suhr (SPD)   11. 01. 1955–30. 08. 1957

Berlin-Ost

Oberbürgermeister Friedrich Ebert   30. 11. 1948–05. 07. 1967

Stadtälteste seit 1835

Abraham Ernst Mendelssohn-
Bartholdy 1835
August Carl Friedrich
Hollmann 1848
Heinrich Wilhelm Krausnick
1849
Carl Wilhelm Heinrich
Keibel 1851
Moritz Fürbringer 1873
Heinrich Zimmermann 1897
Ernst Eduard Fürstenau 1901
Gerhard Strüwe 1903
Georg Toebelmann 1905
Daniel Benjamin Niemitz 1909
August Bredtschneider 1917
Leopold Sachs 1917
Wilhelm Wagner 1918
Carl Mittag 1919
Louis Ring 1919
Rudolf Penzig 1920
Arthur Scholtz 1920
Leopold Spiegel 1920
Carl Hirschkorn 1924
Friedrich Wilhelm Georg
Koeltze 1924
Friedrich Krause 1924
Christian Heinrich Seeling 1924
Hermann Weigand 1924
August Ferdinand Richard
Wilschke 1924
Paul Robert Hermann Wolf
1924
Hugo Ziegra 1924
Hugo Karl Elima Koester 1925
Albert Friedrich Karl
Panschow 1930

Wilhelm Pieck*
(gestrichen s. 271) 1946
Gottlieb Münsinger 1948
Emil Wutzky 1949
Louis Zobel 1950
Richard Schubert 1952
Wilhelm Ahrens 1953
Anna Nemitz 1953
Richard Schönborn 1953
Richard Draemert 1955
Fritz Hausberg 1955
Hermann Radtke 1955
Otto Burgemeister 1956
Albert Johann Karl Horlitz 1957
Willy Großmann 1958
Gustav Adolf Karl
Klingelhöfer 1958
Fritz Kranz 1958
Georg Lange 1958
Adolf Mast 1958
Franz Otto Müller 1958
Erich Raddatz 1959
Johannes Fest 1960
Anton Weber 1960
Adolf Dünnebacke 1961
Siegmund Weltlinger 1961
Eduard Bernoth 1963
Fritz Dylong 1964
Paul Fleischmann 1964
Fritz Grantze 1964
Ella Kay 1965
Richard Münch 1965
Paul Fechner 1966
Walter Ludorf 1966
Rudolf Michael 1966
Heinrich Kühn 1967

Alfred Rojek	1967	Meta Omankowsky	1972
Richard Schröter	1967	Egon Endres	1973
Jeanette Wolff	1967	Franz Possehl	1973
Otto Bach	1969	Gerhard Schlegel	1973
Werner Bloch	1970	Clara von Simson	1973
Fritz Meyke	1971	Alexander Dohms	1975
Friedrich Krüger	1971	Franz Meyer	1976
Franz Saskowski	1971	Eleonore Schneider	1976
Herbert Theiß	1971	Lothar Schulz	1976
Alfred Menger	1972		

Stadtälteste (nach 1945) alphabetisch

Weil sie sich um Berlin verdient gemacht haben, wurden sie nach 1945 zu Stadtältesten ernannt:

Wilhelm Ahrens, Stadtrat für Park, Garten, Feuerwehr, Stadtverordneter von Charlottenburg.

Otto Bach, Senator für Sozialwesen.

Dr. Werner Bloch, Bezirksbürgermeister von Steglitz, Mitglied des Abgeordnetenhauses (Abgeordneter).

Eduard Bernoth, Senator für Arbeit und Soziales.

Otto Burgemeister, Bezirksbürgermeister von Tempelhof.

Alexander Dohms, Als Parlamentsvertreter wurde er in das Kuratorium der Meisterschule für Druck, Graphik und Werbung gewählt

Richard Draemert, Stadtverordneter von Zehlendorf.

Adolf Dünnebacke, Bezirksbürgermeister von Reinickendorf.

Fritz Dylong, Alterspräsident der Bezirksverordnetenversammlung von Charlottenburg

Egon Endres, Abgeordneter

Paul Fechner, Landesschulrat und Bezirksverordnetenvorsteher in Spandau.

Johannes Fest, Bezirksverordneter, Schulrat in Tempelhof.

Paul Fleischmann, Senator für Arbeit, Präsident des Landesarbeitsamtes, Abgeordneter.

Fritz Grantze, Abgeordneter und Bezirksverordnetenvorsteher in Tempelhof.

Willy Großmann, Bezirksverordnetenvorsteher von Neukölln.

Fritz Hausberg, Stellvertreter des Präsidenten des Abgeordnetenhauses, Stadt- und Bezirksverordneter in Wedding.

Albert Horlitz, Bezirksbürgermeister von Charlottenburg.

Gustav Klingelhöfer, Stadtrat für Wirtschaft, Berliner Bundestagsabgeordneter.

Fritz Kranz, Bezirksverordnetenvorsteher in Spandau.

Friedrich Krüger, Hauptschulrat.

Heinrich Kühn, Stadtrat für Volksbildung, später für Finanzen und Bezirksverordneter in Charlottenburg.

Dr. Georg Lange, Bezirksverordneter, Bezirksstadtrat für Finanzen in Wilmersdorf.

Dipl.-Ing. Walter Ludorf, Stadtbaurat von Spandau.

Dr.-Ing. h. c. Adolf Mast, Gemeindevertreter in Tempelhof.

Alfred Menger, Buchhändler, Vorsteher der Bezirksverordnetenversammlung in Tempelhof.

Emil Meyer, Stadtrat für Finanzen und stellvertretender Bezirksbürgermeister von Zehlendorf.

Franz Meyer, Abgeordneter und Stadtrat für Volksbildung in Kreuzberg.

Fritz Meyke, Gewerkschaftsfunktionär der ÖTV und Bezirksverordnetenvorsteher in Spandau.

Rudolf Michael, Bezirksverordnetenvorsteher in Zehlendorf, Bezirksstadtrat für Arbeit.

Franz Otto Müller, Abgeordneter, Bezirksverordneter von Reinikkendorf, Berliner Bundestagsabgeordneter.

Gottlob Münsinger, Bezirksbürgermeister von Spandau.

Dr. Richard Münch, Bürgermeister von Spandau und Bezirksverordneter.

Anna Nemitz, Stadtverordnete, Reichstagsabgeordnete.

Meta Omankowsky, Abgeordnete.

Franz Possehl, Vorsteher der Bezirksverordnetenversammlung von Wedding

Erich Raddatz, Bezirksstadtrat für Sozialwesen in Neukölln.

Hermann Radtke, Stadtrat für Finanzen und stellvertretender Bezirksbürgermeister in Neukölln.

Dr. Alfred Rojek, Bezirksstadtrat für Wirtschaft in Neukölln.

Franz Saskowski, Bezirksverordneter in Spandau.

Gerhard Schlegel, Abgeordneter, Hafendirektor der Behala und Präsident des Landessportbundes.

Eleonore Schneider, Abgeordnete.

Richard Schönborn, Bezirksverordneter in Neukölln.

Richard Schröter, Hauptschulrat in Charlottenburg, Stadtverordneter, Berliner Bundestagsabgeordneter.

Richard Schubert, Stadtverordneter.

Lothar Schulz, Alterspräsident des Abgeordnetenhauses

Herbert Theiß, Mitglied des Abgeordnetenhauses und Geschäftsführer der Berliner Wohn- und Geschäftshaus GmbH. (BeWoGe)

Anton Weber, Abgeordneter.

Siegmund Weltlinger, Alterspräsident des Abgeordnetenhauses, Mitbegründer der Jüdischen Gemeinde zu Berlin nach 1945, Abgeordneter.

Ida Wolff, Vorsitzende der Arbeiter-Wohlfahrt, Abgeordnete.

Jeanette Wolff, Berliner Bundestagsabgeordnete.

Emil Wutzky, Bezirksverordneter, Alterspräsident der Stadtverordnetenversammlung, Stadtrat von Neukölln.

Werner Alfred Zehden, Bezirksbürgermeister von Steglitz, Abgeordneter.

Louis Zobel, Stadtverordneter, Bezirksverordneter von Schöneberg.

Literaturauswahl

Aubert, Joachim: Handbuch der Grabstätten berühmter Deutscher, Österreicher und Schweizer. Bonn-Bad Godesberg 1975.

Bloch, Peter: Grabmäler in Berlin, Exempel: Kirchhof der St.-Matthäus-Gemeinde in Schöneberg. Berliner Forum 9/76.

Grabmäler in Berlin II, Exempel: Der Luisenstädtischen Kirche in Kreuzberg. Berliner Forum 2/78.

Bloch, Peter und Ludwig Scherhag: Grabmäler in Berlin III, Exempel: Die Kirchhöfe des 18. Jahrhunderts vor dem Halleschen Tor. Berliner Forum 7/80.

Müller-Lautes Erika: Grabmäler in Berlin IV, Exempel: Berliner Forum 9/85. Berlin: Presse- und Informationsamt.

Etzold, Alfred, Peter Kirchner und Heinz Knobloch: Historische Friedhöfe – Jüdische Friedhöfe in Berlin. Herausgeber: Institut für Denkmalspflege im Auftrag des Ministeriums für Kultur der Deutschen Demokratischen Republik in Zusammenarbeit mit der Jüdischen Gemeinde Berlin. Schriftenreihe: Historische Friedhöfe in der DDR, Heft 1.

Finger-Hain, Willi: Das Ewige ist stille, Gräber unserer Großen in Berlin. Flensburg: Wolff 1965.

Hoeft, Bernhard: Berühmte Männer und Frauen Berlins und ihre Grabstätten. Berlin 1919.

Horn, Curt, Lic. Dr.: Die von uns gewesen sind. Berlin: Siemens 1936.

Michalski, L.: Verdiente Deutsche und ihre Ruhestätte in Berlin. Berlin-Schöneberg o. J.

Natzschka, Werner: Gräber bekannter Persönlichkeiten auf dem Evang. Kirchhof Nikolassee. Januar 1977.

Schoenichen, Walter: Geweihte Stätten der Weltstadt. Langensalza: Beltz 1929.

Seyppel, Joachim: Nur o Unsterblichkeit, Wanderungen zu den Friedhöfen Berlins. Berlin: Colloquium Verlag 1964.

Voßke, Heinz: Geschichte der Gedenkstätte der Sozialisten in Berlin-Friedrichsfelde. Berlin: Dietz Verlag 1982.

Wohlberedt, Willi: Verzeichnis der Grabstätten bekannter und berühmter Persönlichkeiten in Groß-Berlin und Potsdam; 4 Teile: 1932, 1934, 1939 und 1952. Berlin: 1–3 Selbstverlag, 4 Bln.-Neukölln: Pohlmann.

125 Jahre Alter St. Matthäus-Kirchhof Berlin. Rundgang zu den Gräbern bekannter Persönlichkeiten. Herausgeber: Ev. Kirchengemeinde St. Matthäus, Kirchhofsverwaltung 1981.

Verzeichnis der Ehrengrabstätten Berlins 1981 mit Nachtrag vom 1. Juni 1984. Herausgeber Senator für Stadtentwicklung und Umweltschutz.

Namensverzeichnis der Verstorbenen

Anhang
Friedhofspläne

Friedhof Heerstraße
1:1500.

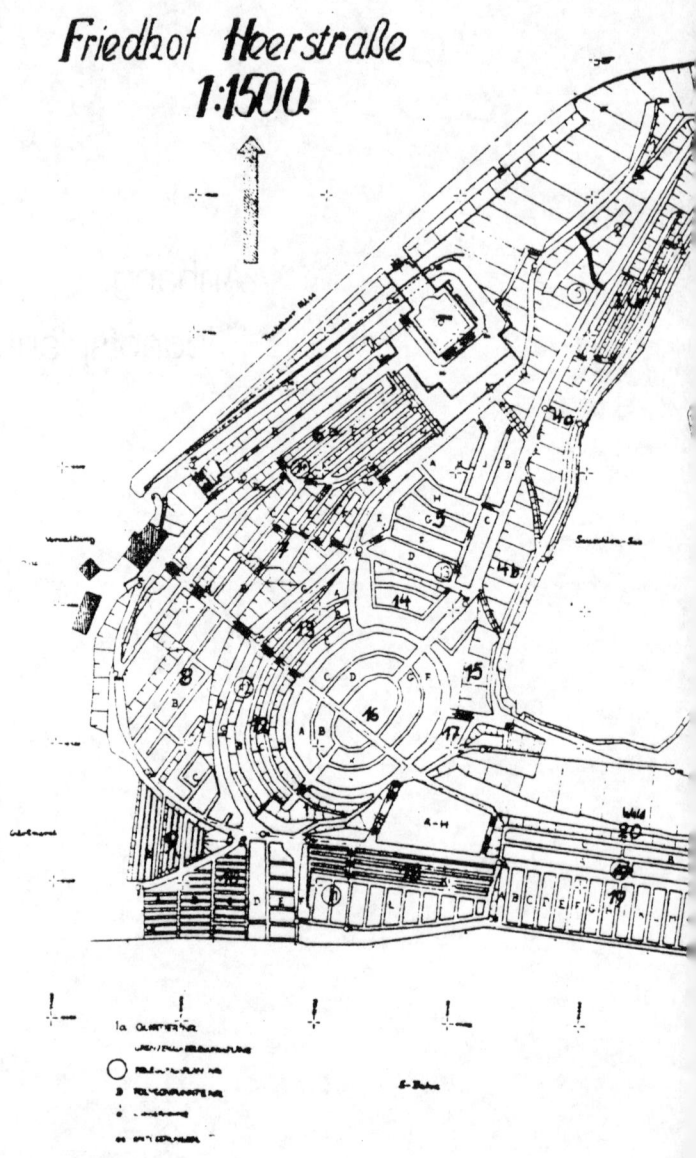

295

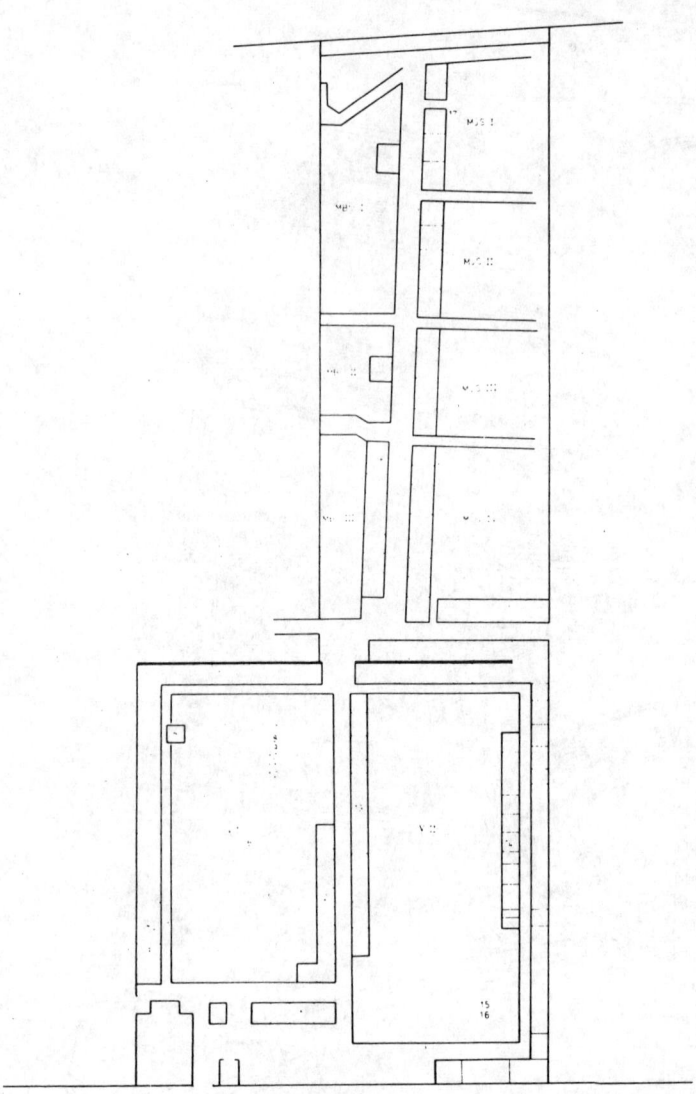

Kirchhof I der Dreifaltigkeitsgemeinde   Baruther Straße

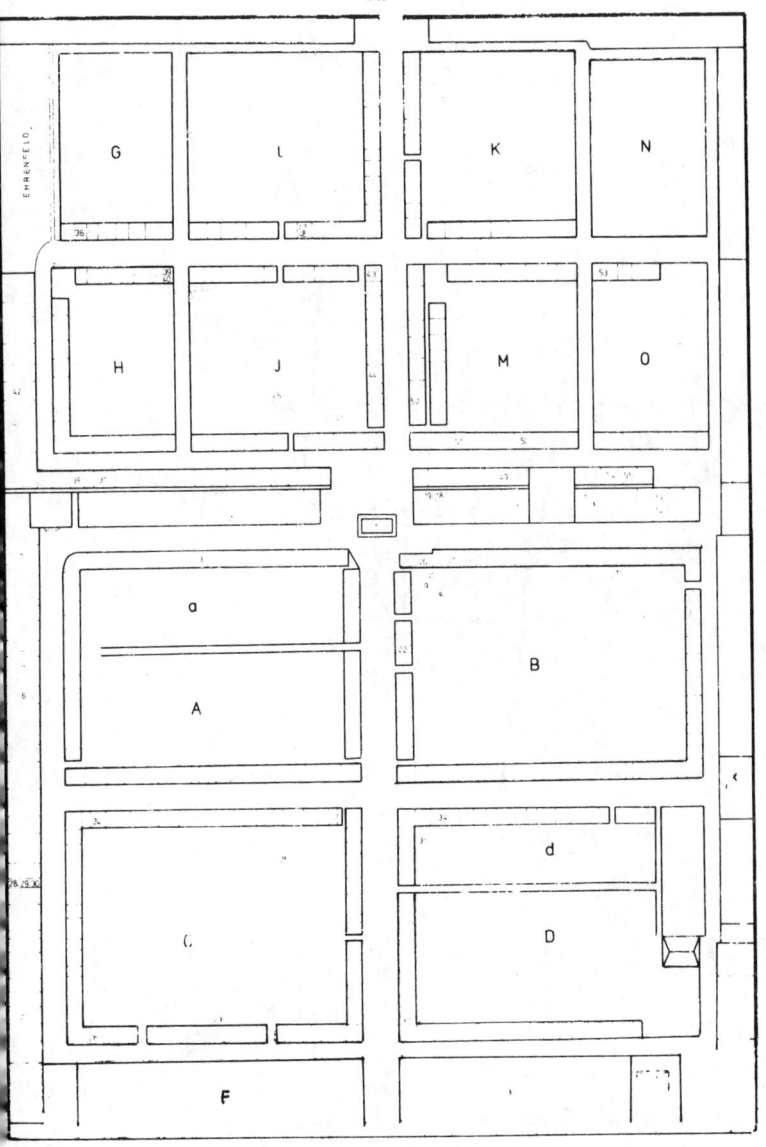

Kirchhof II der Dreifaltigkeitsgemeinde Bergmannstraße

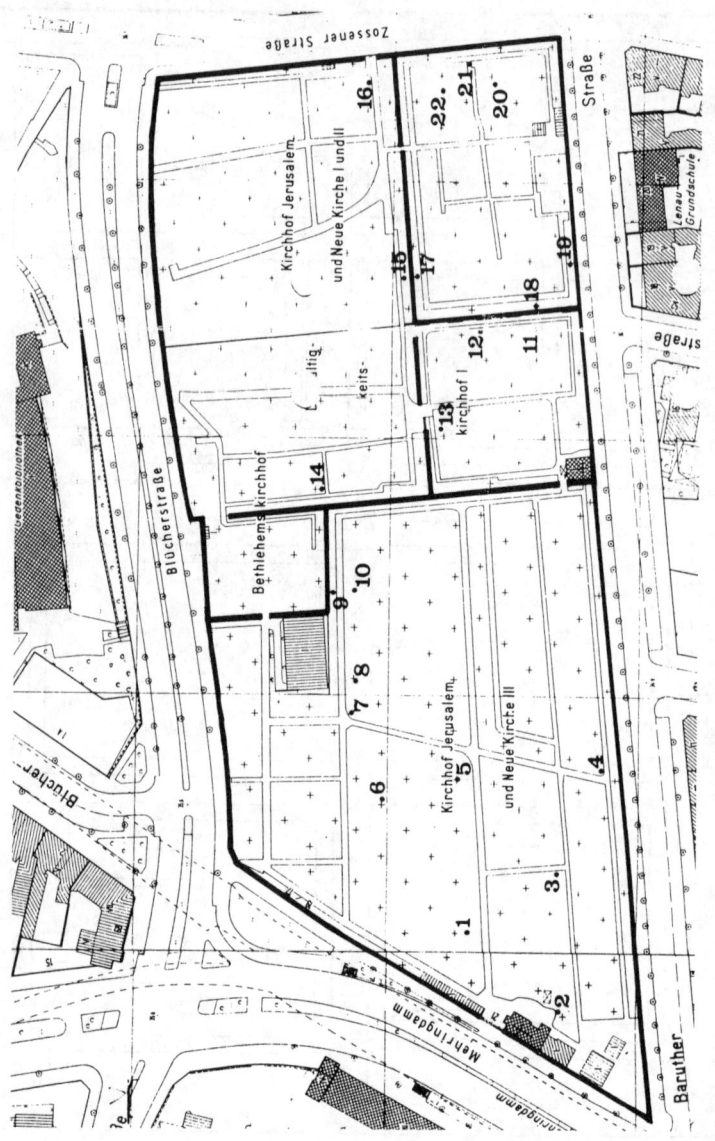

Zossener Straße

Straße

Kirchhof Jerusalem
und Neue Kirche I und III

16.

22. 21.
20.

15. 17
18 19

13. kirchhof I 12.
11

14.

Bethlehemskirchhof

Blücherstraße

9. 10.

7. 8.

6.

Kirchhof Jerusalem
und Neue Kirche III

5.

1.

3.

4.

2.

Mehringdamm

Baruther

Lenau
Grundschule

straße

298

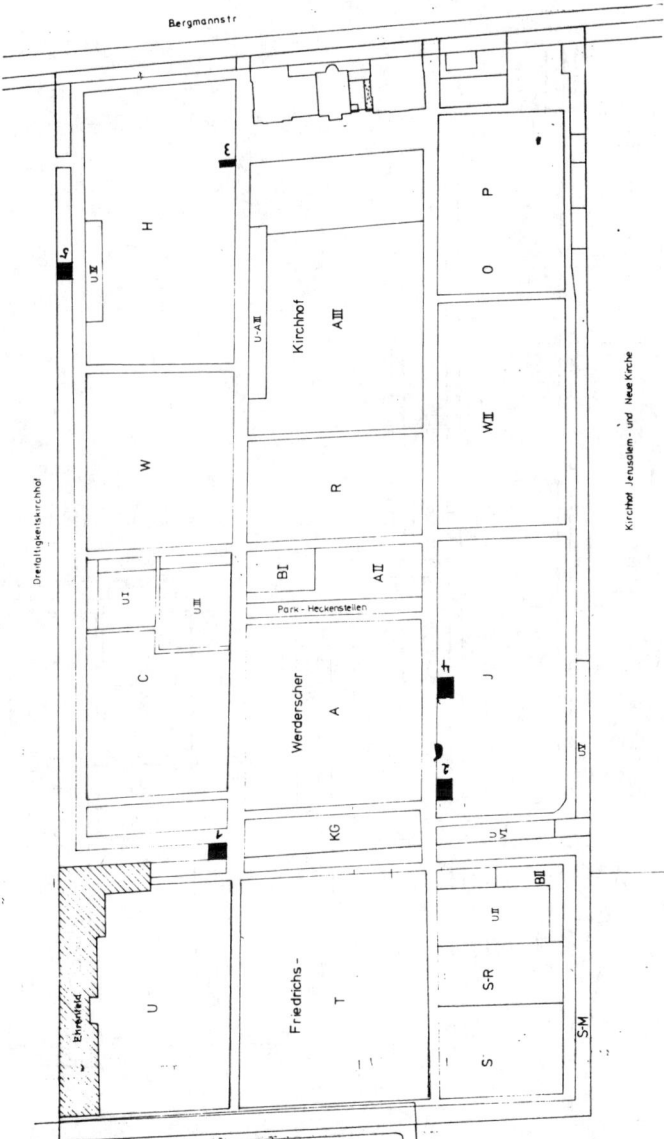

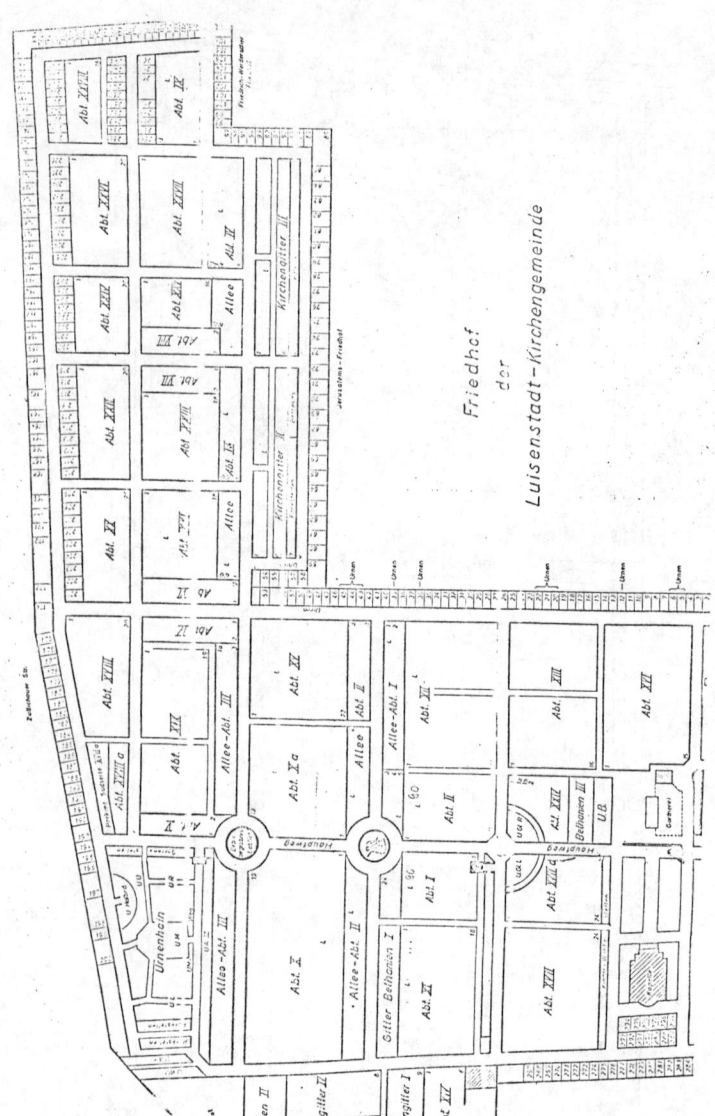

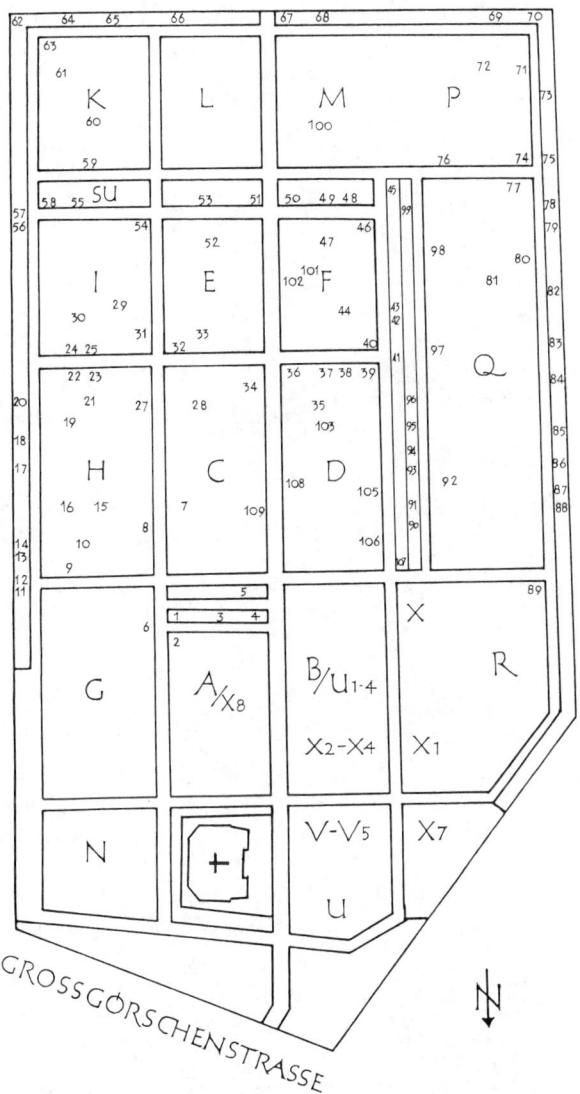

MONUMENTENSTRASSE

GROSSGÖRSCHENSTRASSE

N

301

Berlin auf den zweiten Blick

Herausgegeben von Rainer Höynck, Heinz Ohff und Christian Chruxin.

Sympathisch ist das Buch erst einmal deshalb, weil es nicht die Hochglanzseite West-Berlins zeigt, das „Glitzerding", dessen diskreter Charme sich unterdessen in der Ruine der Kongreßhalle so sinnfällig manifestiert hat. Der Band ist auch sympathisch, weil er liebevoll morbide das zeigt, was Berlin immer noch zu einem Magneten für viele Westdeutsche macht: seine Parks, Märkte, Kneipen, kulturellen Aktivitäten, seine Menschen. Er spart nicht die moribunde S-Bahn aus und die Monotonie der Arbeitswelt — aber in allem steckt ein Stückchen Hoffnung; so, daß man am Ende sagen kann: ja, das ist Berlin. Und das will angesichts der Flut von Berlin-Bild-Bänden eine ganze Menge heißen: „Berlin auf den zweiten Blick". (Rias, Berlin)

256 Seiten mit 744 teils farbigen Fotos, Leinen.

Berlin – gestern und heute

Der Band gehört zu den Spitzentiteln unter den Berlin-Publikationen und liegt im 75. Tausend vor. Die Ausgabe ist vollständig neu konzipiert. — Der erste Teil umfaßt Aufnahmen aus dem alten Berlin, während der zweite die Stadt nach der Zerstörung 1945 zeigt. Der dritte Teil präsentiert das heutige Berlin mit vorzüglichen Aufnahmen, überwiegend West-, aber in einem eigenen Kapitel auch Ost-Berlin. Ein umfangreicher nach Themenbereichen gegliederter Textteil ergänzt das Bildmaterial und rundet den Band.

172 Seiten mit 151 teils mehrfarbigen Fotos, Leinen.

Stapp Verlag